T0275001

El engañoso miedo a no estar a la altura

ROBERTA MILANESE

El engañoso miedo
a no estar a la altura

Estrategias para reconocer
el propio valor

Traducción: MARIA PONS IRAZAZÁBAL

Herder

Título original: L'ingannevole paura di non essere all'altezza
Traducción: Maria Pons Irazazábal
Diseño de la cubierta: Gabriel Nunes

© 2020, *Ponte alle Grazie*
© 2021, *Herder Editorial, S.L., Barcelona*

ISBN: 978-84-254-4694-8

Imprenta: Sagràfic
Depósito legal: B-16.313-2021
Impreso en España — Printed in Spain

Herder
www.herdereditorial.com

Índice

Giorgio Nardone, mi maestro y guía
desde hace veinticinco años, con inmensa
gratitud por haberme enseñado
el oficio más bello del mundo.

Por lo general pocos hombres tienen fe en sí mismos. Y de estos pocos, algunos la consiguen como ceguera útil o en cierto modo como ensombrecimiento de su espíritu —(¡qué verían si fuesen capaces de mirarse a sí mismos *hasta el fondo!)*—; otros tienen que conquistarla ellos mismos. Cuanto hacen de bueno, de hábil y de grande es primeramente un argumento contra el escéptico que mora en ellos. Vale para convencer a *este* o para persuadirlo y para ello casi necesita del genio. Ellos son los grandes inconformistas consigo mismos.

Friedrich Nietzsche, *El gay saber*

Prólogo
de Giorgio Nardone

Dice un *kōan* japonés: «El miedo a no estar a la altura nos hace dar un paso más al día», destacando así que esta forma de temor puede ser un impulso para mejorar. Ahora bien, esta visión es válida para la cultura nipona, en la que el sentido de la disciplina y del compromiso incansable con esta es una característica fundamental y tradicional. En el mundo occidental, en cambio, sentir que no se es capaz de hacer algo, tener miedo e, incluso, certeza del fracaso es una condición que debilita.

En la modernidad europea estamos muy lejos del mito del héroe griego, que osa ir más allá de sus límites para llevar a cabo grandes empresas —piénsese en la frase atribuida a Alejandro Magno «la fortuna ayuda a los audaces»—, y tal vez nos lo describe mejor Friedrich Nietzsche cuando, observando al hombre occidental instalado en la vida cómoda que se ha construido y carente de impulso heroico, hablaba de «disolución». Son muchos los estudios y trabajos de investigación que hoy nos muestran cómo casi todos los países en los que el bienestar ha alcanzado cotas elevadas padecen esta clase de «enfermedad»: las generaciones jóvenes, excesivamente protegidas por la familia y la sociedad, no superan suficientes obstáculos como para adquirir confianza en sus propios recursos, y cuando no sucumben ante las primeras dificultades renuncian incluso a ponerse a prueba.

En este contexto, el miedo a no estar a la altura, hasta cuando se oculta tras la arrogancia y el esnobismo intelectual, constituye una patología importante, tanto para el individuo como para la sociedad, y limita las posibilidades de evolución y mejora de ambos.

Tras haber explorado las manifestaciones de este malestar y haber trazado una precisa representación del mismo, este brillante libro de Roberta Milanese enseña cómo resurgir del insidioso pantano del miedo en el que el individuo, sintiéndose rodeado por peligros de toda clase —arenas movedizas, aguas pútridas, serpientes, insectos venenosos...—, se halla atrapado.

Mediante numerosos ejemplos, la autora expone de forma muy clara y accesible al no experto las estrategias y estratagemas terapéuticas que la tradición de estudios y la experiencia clínica de más de treinta y cinco años de Psicoterapia Breve Estratégica han elaborado y formalizado para este tipo de trastorno.

Considero que este trabajo es un punto de referencia indispensable para los especialistas y a la vez una lectura útil para el público en general: ambas categorías de lectores serán conducidas con delicadeza al descubrimiento de cómo hasta el trastorno más complicado y doloroso puede tener una solución terapéutica simple.

Giorgio Nardone
Centro di Terapia Strategica Arezzo

La epidemia de la inseguridad

Quien practica el oficio de terapeuta, o cualquier otra profesión de ayuda, como la consultoría o el *coaching*, está asistiendo en los últimos años a una auténtica «epidemia de inseguridad». Aumenta constantemente el número de personas que conviven a diario con la sensación de no estar a la altura, de no ser del todo aptas, incluso de ser «fracasadas», por utilizar una palabra que escuché hace poco a una paciente para describir la terrible sensación de haber venido al mundo con un defecto tan vago como inevitable que le impide sentirse adecuada prácticamente en todo lo que hace. Esta sensación de no estar a la altura puede afectar a todos los ámbitos de la vida: puede referirse a las características estéticas o a las capacidades, a la inteligencia, a la simpatía, a la cultura, hasta convertirse en una sensación generalizada y sentirse siempre «menos que los otros» en cualquier ámbito y circunstancia.

En muchos casos, la persona teme no estar a la altura de las expectativas de los demás y de los estándares cada vez más elevados que la sociedad impone. Es la sensación constante de estar «en el escaparate», enormemente aumentada hoy en día por la difusión de las redes sociales, que amplifica de forma desmesurada la necesidad de «aparecer» y el temor a ser juzgados como inadecuados.

Otras veces, en cambio, el juicio más severo procede del interior, de esa voz que nos recuerda de manera constante que, hagamos lo que hagamos, nunca será suficiente, que deberemos hacer más y mejor, que en resumidas cuentas nuestro éxito es fruto de mucha suerte y poco mérito, que no somos tan atractivos y capaces como nos ven los demás… y así podríamos continuar indefinidamente.

Y no debe sorprendernos que, en la mayoría de los casos, quienes más experimentan estas sensaciones de inadecuación sean personas muy capaces y dotadas a quienes todo el mundo atribuye notables características de deseabilidad. Aspecto que, paradójicamente, acaba incrementando cada vez más el temor a que se descubra que son «impostores», pajarillos disfrazados de águilas que, al primer soplo de viento, perderán su plumaje postizo y se revelarán en su auténtica naturaleza. Infalibles, seguros de nosotros mismos, capaces de gestionar del mejor modo posible nuestras emociones, apreciados y admirados por los demás y completamente satisfechos de nuestra vida: estos parecen ser los nuevos estándares que hay que seguir para sentirse realmente adecuados y a la altura.

El miedo a no estar a la altura puede afectar a las tres relaciones fundamentales que mantenemos a lo largo de la vida: la relación con nosotros mismos, con los demás y con el mundo que nos rodea, y a menudo acaba afectando a los tres niveles.

Quien teme no estar a la altura muchas veces vive su vida con dificultad y sufrimiento, como si estuviese con el «freno de mano puesto», aunque sin serios impedimentos en el desarrollo de su vida diaria. Otras veces, el hecho de desenvolverse en un mundo lleno de jueces, dispuestos a condenarnos por nuestras fragilidades e imperfecciones, puede dar lugar a un trastorno psicológico invalidante.

Vemos, pues, que hay personas cuyo juez interior se ha «pervertido» hasta el punto de transformarse en un «inquisidor/perseguidor» que lo mantiene fijado a sus imperfecciones, hábilmente propuestas como ineptitudes o incapacidades imperdonables. Hay otras personas que viven en un mundo poblado de auténticos «enemigos» de los que han de defenderse constantemente, a veces evitando al máximo el contacto con el resto del mundo y otras agrediendo anticipadamente a los presuntos agresores, en un intento angustioso de defenderse a sí mismas y a su frágil autoestima. En algunos casos, la persona vive con la duda desgarradora de no estar a la altura, y se pasa la vida luchando por intentar superarlo; en otros, incluso está convencida de ello y por eso se rinde.

A través del relato de casos reales de intervención de psicoterapia y *coaching,* se acompañará al lector a visitar los «círculos» de las principales formas de miedo a no estar a la altura —el miedo a exponerse, el miedo a la impopularidad, el miedo al conflicto, el miedo al rechazo, el miedo a la inadecuación, el miedo al fracaso— y a descubrir cómo se pueden superar definitivamente en poco tiempo.

1
En busca de la autoestima perdida
(o nunca adquirida)

Si no crees en ti mismo, ¿quién te creerá?

Kobe Bryant

1. La autoestima, esa desconocida

«He decidido acudir a usted porque me siento constantemente inseguro, incapaz; en resumen: no tengo autoestima». Esta es una de las sentencias frecuentemente más utilizada por las personas que vienen a buscar ayuda por miedo a no estar a la altura. A continuación viene el relato de una vida en busca de esa piedra filosofal llamada «autoestima», de una seguridad personal anhelada, idealizada y nunca lograda. En algunos casos, esta sensación de falta de confianza en uno mismo tiene sus raíces en experiencias infantiles. Es lo que le ocurre a Serena, que explica que desde pequeña su padre la descalificaba constantemente diciéndole que era «un asno», y que no haría nada en la vida. Pese a su título universitario y al éxito en el trabajo, Serena sigue intentando demostrarse su valía a sí misma y a los demás, y siempre acaba sintiéndose inadecuada y poco capacitada. Ricardo también cuenta que desde niño era objeto de burla por parte de sus compañeros de clase porque era bajito y enclenque. Nada que ver con el acoso escolar, subraya, solo burlas inocentes entre niños; pero desde entonces, cuando está en ambientes nuevos y ha de conocer a chicas, se siente inseguro y no es capaz de dar el paso, aunque es un treintañero muy atractivo. Eleonora, que creció en una familia muy conflictiva, aprendió que la mejor manera de evitar los conflictos es complacer los deseos de los demás. Este decir siempre que «sí» por un lado parece garantizarle cierto aprecio social, pero por el otro la agota y la hace sentir profundamente sola, incapaz de hacer valer sus propias exigencias y de establecer relaciones auténticas.

En todos estos casos, la persona siente que nunca ha conseguido esa seguridad en sí misma que, en su opinión, le habría permitido realizarse plenamente en la vida.

También están quienes han tenido la sensación de confianza en sí mismos, la han saboreado y disfrutado hasta que ha ocurrido algo, a menudo un suceso traumático, un accidente, un fracaso que los ha hecho dudar de su seguridad. Es el caso de Massimo, cirujano muy competente, que una noche de lluvia, al volver a casa cansado del trabajo, perdió el control del coche. Desde un punto de vista físico, no sufrió más que algunas contusiones, pero a partir de aquel momento sintió que la seguridad personal que siempre había tenido se había debilitado. El hecho de haber perdido el control del coche fue una experiencia tan traumática para él, siempre perfectamente controlado, que ahora teme perder el control incluso cuando opera. De modo que empieza a imaginarse que le tiemblan las manos y que sus colegas advierten su ansiedad. Poco a poco busca excusas, intenta reducir su presencia en el quirófano y llega a la terapia con un trastorno de ansiedad.

Anna siempre fue una empleada modelo: durante veinte años trabajó en la misma empresa, cuyos valores compartía en gran medida y donde había creado vínculos afectivos con sus compañeros. De repente, la crisis: la empresa tiene que hacer recortes, y Anna es despedida casi de la noche a la mañana, junto con otras personas de su departamento. «Me han despedido», se repite continuamente sin hacerse a la idea. Y de nada sirve que todos intenten explicarle que lo que ha ocurrido no tiene nada que ver con su valía y sus capacidades. El despido inesperado le produce un profundo abatimiento y la hace dudar de sí misma hasta el punto de tener dificultades para realizar nuevas entrevistas de trabajo. Y decide buscar ayuda para retomar la vida profesional.

¿Qué queremos decir exactamente cuando hablamos de «autoestima»? En el diccionario encontramos la siguiente definición: «Consideración que un individuo tiene de sí mismo. La autoevaluación en la que se basa la autoestima puede manifestarse como sobrevaloración o como infravaloración, según la consideración que cada uno tenga de sí mismo, en relación con los demás o con la situación en que se encuentra».

En la propia definición ya está implícita la idea de que la capacidad de valorarnos a nosotros mismos se halla muy influida por nuestras modalidades perceptivas, o sea, por nuestros autoengaños sobre quiénes somos, en relación con los otros y con el mundo. De hecho, como ya ha demostrado ampliamente no solo la moderna epistemología constructivista (von Foerster, 1973; Watzlawick, 1981, von Glasersfeld, 1995), sino también la investigación en el campo neurocientífico (Gazzaniga, 1999; Kandel, 2001; Goldberg, 2006; Doidge, 2007, 2015), nuestro acceso a la realidad nunca es directo, sino que siempre está mediado por nuestros procesos perceptivos, emocionales y cognitivos, que nos llevan a observar e interpretar la realidad aproximándola a nuestras creencias habituales y modelos interpretativos (Nardone, 2014b, 2019). Puesto que se trata de una modalidad normal de funcionamiento de nuestra mente, nadie puede evitar los autoengaños; lo único que podemos hacer es decidir si sufrirlos o gestionarlos, transformando los autoengaños disfuncionales en autoengaños funcionales (Elster, 1979; Nardone, 1998; Milanese y Mordazzi, 2007; Nardone y Balbi, 2008).

Saber gestionar eficazmente los autoengaños que contribuyen a formar nuestra autoestima requiere una atención especial, puesto que el valor que nos demos a nosotros mismos tiene inevitablemente fuertes repercusiones en todos los ámbitos de nuestra vida.

2. Las psicotrampas del inseguro

La mayor parte de las personas que padecen una escasa autoestima pide ayuda cuando ya tiene una cierta conciencia de su situación. En muchos casos cuentan que han pasado por largos procesos terapéuticos orientados al análisis del pasado y a la búsqueda de las explicaciones que, si bien a menudo han propiciado una mayor comprensión de los «porqués» del miedo, pocas veces han producido un cambio real. Por otra parte, conocer las (presuntas) causas de nuestros problemas no es por sí mismo garantía de poder resolverlos. Por obvio que pueda parecer, no podemos volver atrás y «corregir» el pasado; tan solo podemos intervenir en aquello que el pasado ha producido en el presente. Además, lo que a menudo originó el guion en el pasado (lo que podríamos llamar «el proceso de formación del problema») no tiene nada que ver con sus modalidades de persistencia en el presente. Como el enfoque estratégico ya ha demostrado de sobra, son precisamente las estrategias que la persona elabora para intentar resolver un problema —las denominadas «soluciones intentadas»— las que, si no funcionan, acaban incrementando cada vez más la dificultad que deberían resolver hasta transformarlas en un auténtico trastorno psicológico (Watzlawick, Weakland y Fisch, 1974; Nardone y Watzlawick, 1990; Nardone y Portelli, 2005; Nardone y Balbi, 2008; Wittezaele y Nardone, 2016; Nardone y Milanese, 2018). Una intervención orientada al cambio deberá centrarse por tanto en el «aquí» y «ahora» del problema y conducir a la modificación sustancial de los guiones redundantes que la persona tiende a repetir en su relación consigo misma, con los demás y con el mundo. A partir de estos presupuestos, gracias al trabajo de investigación empírico-experimental llevado a cabo en los últimos treinta años en el Centro di Terapia Strategica de Arezzo, se han elaborado estrategias y estratagemas terapéuticas específicas para la mayoría de trastornos psicológicos que han demostrado ser especialmente eficaces y eficientes (Watzlawick y Nardone, 1997; Nardone y Watzlawick, 2005; Nardone y Portelli, 2005; Nardone y Balbi, 2008; Castelnuovo *et al.*, 2011; Castelnuovo *et al.*, 2013; Nardone y Salvini, 2013; Pietrabissa *et al.*, 2014; Pietrabissa *et al.*, 2016; Nardone y Valteroni, 2017; Jackson *et al.*, 2018; Nardone y Milanese, 2018).[1] Respecto de los intentos disfuncionales llevados a cabo por quien teme no estar a la altura, podemos distinguir algunos guiones perceptivo-reactivos concretos o, utilizando un término más evocador acuñado por Giorgio Nardone (2013), «psicotrampas» concretas. La principal psicotrampa del pensamiento es «subestimar-sobrestimar». Como sostenía John H. Weakland, uno de los grandes maestros de la psicoterapia breve, la mayoría de los problemas que producen psicopatologías nace de la tendencia a sobrestimarnos o a subestimarnos a nosotros mismos, a los demás y a la realidad. Una persona que teme el juicio de los otros puede sobrestimar la mínima crítica recibida y transformarla en una provocación frente a la que hay que reaccionar con agresividad. Por el contrario, una persona bien dispuesta difícilmente captará las señales de peligro, incluso si provienen de personas claramente poco fiables. Cuando se aplica a nuestra autoestima, la tendencia redundante a subestimarnos a nosotros o a sobrestimar a los demás acaba creando problemas más o menos generalizados. Pensemos en personas perfectamente capaces en el trabajo, que siguen pensando que no son suficientemente valiosas y viven en un estado de ansiedad, o en mujeres muy atractivas que, por no considerarse nunca suficientemente hermosas, acaban sometiéndose a inútiles cuando no dañinas operaciones de cirugía estética. Podríamos seguir poniendo infinitos ejemplos.

Otra psicotrampa del pensamiento que aparece muy a menudo en este tipo de miedos es la de «lo siento, por tanto existe». El me-

---

1 Además de aplicarse con éxito en el ámbito clínico, el modelo también ha sido aplicado en otros campos, como el organizativo (Nardone, Milanese, Mariotti y Fiorenza, 2000; Nardone, 2009; Nardone, Milanese y Prato Previde, 2012; D'Andrés y Nardone, 2015; Nardone y Tani, 2018), el educativo (Nardone y Fiorenza, 1995; Nardone, Giannotti y Rocchi, 2001; Nardone y Equipo del CTS, 2012; Balbi y Artini, 2009), el médico-sanitario (Milanese y Milanese, 2015; Caputo y Milanese, 2017; Campolmi y Prendi, 2019), el *coaching* (Milanese y Mordazzi, 2007) y la ciencia de la *performance* (Nardone, Montano y Sirovich, 2012; Nardone y Bartoli, 2019).

canismo consiste en atribuir a alguien o a algo ciertas propiedades, pero no por haberlo verificado empíricamente, sino solo a partir de nuestras sensaciones. Es como si nos pusiéramos unas lentes deformantes que alteran las percepciones haciéndonos ver todo aquello que confirma nuestras sensaciones y excluyendo lo que las desmiente. Esta psicotrampa es muy fuerte, sobre todo en aquellas personas que se sienten constantemente juzgadas o rechazadas por los demás y solo se fían de sus sensaciones, sin tener pruebas evidentes.

Esas dos psicotrampas no se agotan solo en la percepción de quien las vive, sino que acaban desencadenando auténticas «profecías autocumplidas»,[2] que confirman cada vez más la validez de la percepción inicial. Una persona que no se siente capaz de afrontar un determinado trabajo, por ejemplo, tratará de evitarlo o de hacer que otro lo ayude, si es que no puede evitarlo. El resultado será que, además de confirmar su incapacidad, no tendrá oportunidad de desarrollar sus habilidades laborales y cada vez será realmente menos capaz. Del mismo modo, una chica que se considera poco atractiva y teme no gustar puede llegar a hacerse «transparente», optando por un *look* impersonal y una actitud reservada y poco comunicativa. También en este caso, por desgracia, el resultado será el cumplimiento de la profecía: la chica «invisible» tendrá la confirmación de su escaso atractivo, cosa que reforzará aún más el autoengaño original. El mismo destino le espera a aquel que, sintiéndose rechazado, se aísla y rechaza de antemano a los demás, propiciando que se cumpla precisamente aquello que teme.

A las psicotrampas del pensamiento se añaden, por tanto, las de la actuación, actos conscientes o no que, si se repiten en el tiempo, contribuyen a estructurar guiones de percepción y reacción de la realidad rígidos y disfuncionales que hacen que la persona sufra justamente lo que ella misma ha construido de manera involuntaria

---

2 Una profecía que se autocumple es una profecía o suposición que, por el mero hecho de haber sido formulada, hace que se cumpla el hecho que se predice, confirmando así su veracidad (Watzlawick, 1981).

(Nardone, 2013). En el miedo a no estar a la altura, las psicotrampas de la actuación más frecuentes son:

a) *La evitación:* una de las tendencias más frecuentes frente al miedo es evitar aquello que tememos. Sin embargo, se trata de un arma de doble filo: si bien por una parte la evitación nos hace sentir seguros, por la otra confirma nuestra incapacidad para afrontar y superar las dificultades. Si este guion se repite a lo largo del tiempo, conduce de forma solapada a un empeoramiento progresivo de la sensación de incapacidad y a un incremento del propio miedo, que da lugar a una cadena de evitaciones cada vez más generalizadas.

b) *Pedir ayuda:* cuando la petición de ayuda implica delegar en otros lo que deberíamos hacer personalmente, produce efectos análogos a la evitación, porque confirma nuestra incapacidad para hacer las cosas por nosotros mismos. Recibir ayuda resulta perjudicial, puesto que limita la posibilidad del sujeto de desarrollar su autonomía, prerrogativa fundamental de un individuo capaz y responsable.

c) *El exceso de control:* esta tendencia natural y básica de todos los individuos equilibrados, cuando sobrepasa la dosis «sana» se transforma en un auténtico veneno. El efecto «venenoso» se manifiesta de dos modos: en el primer caso, el exceso de control conduce a la pérdida del mismo; un ejemplo típico es el de la persona que cuanto más intenta controlar la ansiedad, más la provoca, hasta llegar al pánico; en el segundo, tenerlo todo bajo control o querer hacer las cosas de manera perfecta funciona tan bien para calmar el miedo que se convierte en una necesidad a la que la persona no puede renunciar, y que a menudo provoca trastornos psicológicos invalidantes, como el trastorno obsesivo-compulsivo.

d) *Defenderse anticipadamente:* acción que se desencadena cuando tememos que el otro pueda dañarnos de algún modo a nosotros o a nuestra autoestima. Es un acto comunicativo muy potente, que da lugar a un proceso disfuncional por el que, si nos anticipamos en la defensa, el otro también hará lo mismo con nosotros. Comienza así una escalada de desconfianza y de posturas defensivas que impide construir relaciones sanas. La defensa preventiva se vuelve, como un bumerán, contra quien quería protegerse, confirmándole más la exigencia de defenderse y el autoengaño de vivir en un mundo poblado de enemigos.

e) *Renunciar:* es una de las psicotrampas más devastadoras. Cuando la desconfianza en las propias capacidades lleva a renunciar a enfrentarse a las pruebas que la vida nos presenta, lo único que se consigue es confirmar la presunta incapacidad, hasta convertirla en real.

3. ¿Estar a la altura de qué?

Una de las cuestiones que más a menudo nos planteamos cuando nos evaluamos a nosotros mismos es si estamos «a la altura» de algo. Tanto si se trata de un trabajo como de un compañero, de una habilidad que queremos aprender o a la que ya nos estamos dedicando, la pregunta a la que nos esforzamos por responder siempre es la misma: «¿estaré a la altura?».

Desde un punto de vista figurado, la imagen sugiere que hay algún tipo de medida, un estándar, que nos informa sobre qué es lo que se considera adecuado respecto de ciertas características o prestaciones. En algunos casos, cuando la prestación se puede medir objetivamente, como en un salto de altura, el juicio no presenta problemas: o el salto es suficientemente alto para superar el listón o no lo es. Lo único que hay que decidir (y es un aspecto no desdeñable, sin duda) es a qué altura se coloca el listón. Pero pocas cosas relativas a nuestra autoestima son tan fácilmente mensurables; en la mayoría de los casos hay que nombrar un árbitro, una persona que evalúe nuestra posición respecto de esta medida, que nos diga si estamos «a la altura adecuada» o no. Sin embargo, de nuevo se plantea la pregunta: ¿adecuada con respecto a qué y para quién? Podemos distinguir dos grandes categorías: los que delegan la decisión en un juez interior y los que proyectan su juez al exterior, en personas concretas o en el mundo en general. Y aunque en su vivencia las dos dimensiones se suelen confundir, siempre hay un «juez» principal. Saber distinguir si el juez es interior o exterior es fundamental, como veremos, no solo para diferenciar los tipos de miedo de no estar a la altura, sino también y sobre todo para seleccionar las modalidades de intervención más adecuadas y eficaces para superarlos.

3.1. Cuando el juez es exterior

Las personas que viven dominadas constantemente por el miedo a ser juzgadas por los demás constituyen una categoría muy amplia y variada. A veces, el temor al juicio se refiere solo a algunos ámbitos o personas, mientras que otras veces es un miedo generalizado, que acompaña a la persona en todas las circunstancias de su vida. De modo que hay quien teme ser juzgado solo por el que considera «superior» a él —por ejemplo, en el trabajo—, pero no tiene ningún temor cuando está con los colegas o amigos; quien teme el juicio solo de las personas que conoce, y quien teme, en cambio, solo el juicio de los desconocidos, hasta llegar a quien se siente juzgado en todas las circunstancias sociales, incluso mientras hace la compra. También el contenido del juicio temido puede variar mucho: unos temen ser juzgados desde el punto de vista intelectual («creerán que soy estúpido, ignorante, poco interesante...»), otros por las características estéticas («feo, insignificante, muy delgado...») o de personalidad («antipático, frágil, demasiado emocional...»).

En todos estos casos, lo primero que resulta afectado es la relación entre uno mismo y los demás. Obviamente, si la relación con los otros no funciona, esto también redundará de modo inevitable en la relación que la persona tenga consigo misma y con el resto del mundo. El equilibrio personal requiere saber gestionar en la misma medida la relación con nosotros mismos, con los demás y con el mundo de las reglas sociales. Basta que una de estas tres relaciones interdependientes no funcione bien para invalidar también las otras dos (Nardone, 2014a). A veces la persona solo sospecha que puede ser juzgada, otras veces tiene la certeza total.[3] Precisamente, debido a la extrema variabilidad y a los diferentes grados de penetración, el miedo a ser juzgados por los demás puede expresarse a lo largo de un *continuum* que, a partir de las situaciones más leves (por ejemplo, dificultad para realizar tareas específicas), puede llegar a convertirse en auténticas patologías (sobre todo, trastornos fóbico-obsesivos, paranoicos y depresivos).

La percepción de un juicio exterior puede derivar en los siguientes miedos: miedo a exponerse, miedo a la impopularidad, miedo al conflicto y miedo al rechazo.

3.2. *Cuando el juez es interior*

Si quien teme el juicio de los demás vive constantemente con la percepción de tener un enemigo al acecho, peor es la situación de quien lleva al enemigo dentro, en forma de juez implacable. Parafraseando a Séneca, vaya donde vaya un hombre siempre se lleva a él mismo consigo, y no hay modo de huir de esta condena. Mientras el que teme el juicio de los otros se mantiene siempre atento a las señales que el resto del mundo le envía, aunque en la mayoría de los casos tienda a malinterpretarlos, el que lleva el juez dentro a menudo se mantiene impermeable a las señales que proceden del exterior. En la mayoría de los casos se trata de personas perfectamente aptas o

---

3 Respecto a esta cuestión, en el enfoque estratégico distinguimos dos sistemas perceptivo-reactivos distintos: el obsesivo-paranoico, en el que la persona oscila continuamente entre la duda y la certeza, y el paranoico, en el que la persona está segura de que lo que teme ocurrirá (Muriana y Verbitz, 2017).

claramente capaces, con una vida de éxito en el trabajo y en las relaciones, a las que los demás reconocen méritos y cualidades, pero que pese a todo siguen sintiéndose inadecuadas.

Si bien estas personas a veces se declaran asustadas por el juicio de los otros, si se analiza detenidamente resulta evidente que este temor no es más que el reflejo del juicio negativo constante que anida en su interior. En estos casos, la relación más comprometida es la que se establece con uno mismo, aunque en los más graves también influyen negativamente en las otras dos dimensiones relacionales (la que existe entre uno mismo y los demás y entre uno mismo y el resto del mundo). Cuando el juicio es interior, los miedos dominantes son el miedo a la inadecuación y el miedo al fracaso.

3.3. Cuando el juez está oculto

Aunque es cierto que a menudo el juez es claramente visible, o incluso coincide con el trastorno presentado por la persona (como en el caso de la fobia social y de los trastornos paranoicos), otras veces se «esconde» detrás de los síntomas de otro tipo de problema o trastorno. A este respecto, son muy frecuentes las ocasiones en que la persona acude a nosotros para solucionar un miedo específico, sin ser consciente de que tras este miedo se esconde otro más generalizado de no estar a la altura.

En el ámbito del *coaching*, muchos profesionales vienen a pedir ayuda por sus dificultades (o incapacidad) para hablar en público, pero presentan el problema como si se tratase de un bloqueo limitado a una actuación concreta. Cuando se analiza más en profundidad, se ve, sin embargo, que el miedo a exponerse al juicio ajeno se extiende también a otros ámbitos de su vida y no solo al hecho de hablar en público. Con frecuencia son personas muy capaces y de éxito, que sienten una gran vergüenza ante la idea de mostrar alguna debilidad o imperfección, y han organizado su vida para evitar que esto ocurra, en la mayoría de los casos sin tener demasiados problemas. Frente a la exigencia profesional de hablar en público, la estrategia de la evitación no es practicable y el miedo estalla.

También es cada vez más frecuente que acudan a psicoterapia personas que tienen fobia a conducir —limitada (como el miedo a conducir por autopista) o generalizada (miedo a conducir en todos los casos)— y la base del miedo no es la posibilidad de encontrarse mal durante la conducción o de perder el control del vehículo (percepciones fóbico-obsesivas típicas), sino el temor a que los otros conductores las juzguen. De modo que tener un camión detrás en la autopista no es motivo de temor por el riesgo de sufrir un accidente o una indisposición, sino por la fuerte ansiedad vinculada al hecho de que pueda hacer señales luminosas porque conducimos demasiado despacio y nos considera torpes. También es motivo de vergüenza el miedo a perderse, a no saber repostar, a no saber gestionar posibles situaciones de emergencia, etc. Si se estudian bien estos casos, se descubre asimismo que el miedo a conducir es la punta del iceberg del miedo a ser juzgados extendido a otros ámbitos, que deberán ser afrontados para posibilitar la superación del miedo mayor e invalidante.

Cuando el juez está escondido bajo los síntomas de otro trastorno, muchas veces solo se descubre cuando se desbloquea este, como en las matrioskas rusas, en las que al abrir una muñeca encontramos otra dentro. En otros casos, por el contrario, si no se interviene de inmediato en el juez oculto, resulta extremadamente difícil desbloquear la sintomatología del trastorno manifestado por la persona, y a menudo se tiene la sensación de no estar «dando en el blanco» de la intervención.

El *problem solver,* ya sea *coach,* consultor o psicoterapeuta, ha de ser capaz desde el primer momento no solo de reconocer la presencia de este juez oculto, sino de seleccionar la palanca más útil para provocar el cambio, a fin de garantizar la eficacia y la rapidez de su intervención.

2
¿Quién sabe lo que pensarán de mí?
El miedo a exponerse

Descubre quién eres y no tengas miedo de serlo.

Mahatma Gandhi

El miedo a exponerse es uno de los más extendidos y poliédricos: afecta a personas de cualquier edad, sexo, nivel cultural o extracción social, y puede referirse a un solo aspecto de la vida, como, por ejemplo, a hablar en público, o a sectores más amplios y generalizados, como sentirse juzgados constantemente por lo que se dice o se hace. Se manifiesta a menudo a través de síntomas de ansiedad y somatizaciones diversas, como, por ejemplo, sudoración, rubor, temblor de manos o balbuceo, por citar solo algunas. A veces el miedo es tan intenso que deriva en un auténtico ataque de pánico, en el que la persona no teme tanto sentirse muy mal como perder el control —de la propia mente o del propio cuerpo— y hacer el ridículo. Cuando este miedo llega a ser invalidante, además de provocar el pánico, puede dar lugar a otros trastornos clínicos, como la fobia social, la paranoia, las manías persecutorias y los trastornos somatoformes (Nardone, 2014a).

Lo que caracteriza la experiencia de ansiedad de estas personas es el predominio de la dimensión de la vergüenza sobre la del miedo, típica en cambio de la mayor parte de los trastornos de ansiedad. Por esta razón, las soluciones habituales que intentan quienes temen exponerse están orientadas a hacerse lo menos visibles posible a los ojos del «gran hermano», cuya vigilancia perciben, o en todo caso a intentar limitar los daños. Las principales soluciones que se intenta poner en práctica son tres:

a) *Evitar las exposiciones.* La evitación puede ser parcial (por ejemplo, evitar expresar la opinión solo delante de ciertas personas) o total (nunca intervenir en ningún tipo de conversación si no es para corroborar lo que han dicho los demás).

b) *Tomar precauciones.* En este caso la persona no evita enfrentarse a lo que teme, sino que lo hace adoptando alguna estrategia «protectora» que la tranquiliza; puede ser un botellín de agua por si se le seca la garganta mientras está hablando, o llevar siempre consigo ropa interior de recambio, por si se le escapa el pipí.

c) *Planificación obsesiva.* Es una forma especial de precaución, mediante la cual la persona planifica con todo detalle lo que dirá o hará en determinada circunstancia, a fin de reducir al máximo el riesgo de juicio por parte de los demás. Es típica, por ejemplo, de quien ha de hablar en público y aprende de memoria su discurso, pero también de quien controla una y otra vez su trabajo para estar seguro de no haber cometido el más mínimo error.

1. El éxito es masculino[1]

Laura tiene 45 años y, desde hace aproximadamente un año, ha sido contratada por una importante multinacional, en la que domina lo que ella llama «machismo congénito». Explica con gran orgullo su brillante carrera, la manera en que se ha abierto paso en un mundo difícil y poco favorable a las mujeres, y cómo ha sido elegida entre

[1] Por exigencias narrativas, no ha sido posible tratar la complejidad de la intervención en el relato de los casos; de modo que solo se reproducen las principales maniobras del tratamiento. Todos los datos personales han sido alterados para proteger la privacidad de las personas.

muchos hombres para un cargo de gran prestigio. Laura se describe como una persona muy segura de sus capacidades, pero que está pasando por un momento difícil. El nuevo cargo exige hablar con frecuencia en público ante los altos mandos de la empresa, obviamente todos hombres. Confiesa que hablar en público siempre le ha provocado ansiedad, pero, como esto le ocurría muy de vez en cuando, siempre lo solucionó recurriendo a un ansiolítico. Ahora la situación ha cambiado: tendrá que hablar en público con mucha más frecuencia y, sobre todo, delante de personas que cree que están esperando pillarla en un fallo. El mayor miedo de Laura es que los demás puedan descubrir su estado emocional, en especial el temblor de piernas que siente cada vez que tiene que levantarse para hablar. De modo que ha adoptado la precaución de hablar siempre sentada o de ocultarse al máximo detrás de una mesa: sigue tomando el ansiolítico antes de cualquier presentación.

«Si descubrieran mi debilidad», me dice, «sería el final, tendrían la confirmación de que soy la típica mujer emocional, incapaz de desempeñar la función que me han encomendado. Por otra parte, ambas sabemos que el éxito es masculino». Laura está aterrorizada ante la idea de que se manifieste cualquier forma de emoción o debilidad. Tengo la sensación de que su miedo a ser juzgada no se limita solamente al acto de hablar en público, sino que puede ser más generalizado. Le pregunto si solo toma precauciones para evitar mostrar debilidad cuando tiene que hablar en público o si también lo hace en otras circunstancias. Laura parece sorprendida por la pregunta, ya que es algo a lo que no había prestado atención antes. «Efectivamente, la idea de mostrar algún tipo de fragilidad o de debilidad nunca me ha gustado. Desde pequeña crecí con la idea de que había que ser fuerte y racional para que no te consideraran débil e incapaz». Y me explica que en el resto de su vida, no solo en el trabajo, siempre ha de demostrar que sabe apañárselas sola, «exactamente como un hombre», añade. Nunca una petición de ayuda, ni siquiera para cuestiones banales, como llevar un peso, y sobre todo nunca mostrar emociones ante los demás. Manifestar algún tipo de fragilidad significa para Laura hacer pública una imperdonable debilidad femenina, por la que inevitablemente será condenada. La única excepción es su marido, ante quien se permite mostrarse tal como es. Una vez hecho este descubrimiento conjunto, Laura coincide conmigo en que el miedo a hablar en público no es más que la punta del iceberg de un miedo a exponerse más generalizado, con el que convive desde siempre, pero que se ha convertido en problemático desde su contratación por la nueva empresa. Ambas vemos claramente que, para resolver el problema de hablar en público —motivo de su petición originaria de coaching—, debemos antes «socavar la base del iceberg».

Mediante la técnica del diálogo estratégico,[2] se acompaña a Laura a descubrir que cada vez que se esfuerza por ocultar su emotividad o fragilidad es como si desencadenara dos efectos paralelos: el primero es el que la hace sentirse en cierto modo protegida del riesgo de un juicio; el otro, involuntario pero mucho más potente, le confirma que, si se hubiese expuesto, seguramente se habría emitido el juicio y habría sido terrible. De modo que, cuanto más se protege, más daño se hace, y su miedo al juicio, en vez de disminuir, aumenta cada vez más. A Laura le sorprende mucho este descubrimiento. Procedo, por tanto, a prescribirle una primera indicación directa: todos los días, desde este momento hasta que volvamos a vernos, deberá comprometerse a mostrar una minúscula debilidad a alguien y luego comprobará si se emite el temido juicio. Puede consistir en declarar un malestar («perdona, no me siento muy bien hoy...»), una dificultad («no he conseguido hacer esto...») o una vivencia emocional («estoy disgustada/enfadada por...»). Y cada día deberá cambiar de interlocutor.

---

2 Elaborado por Giorgio Nardone, el diálogo estratégico es una modalidad de dirección de un primer coloquio que, mediante una sutil secuencia de preguntas con dos alternativas de respuesta, paráfrasis reestructurantes y fórmulas evocadoras, permite guiar al interlocutor a descubrir junto con nosotros cómo funciona su problema y cómo desbloquearlo. Para profundizar en la técnica, véanse Nardone y Salvini, 2004; Nardone, 2005.

2. ¿Quién sabe lo que pensarán de mí? *El miedo a exponerse*

Laura se presenta a la siguiente sesión diciendo que se ha divertido mucho mostrando pequeñas fragilidades, como pedir ayuda para levantar una maleta pesada, explicar que es malísima esquiando o que está amargada por una discusión reciente. Ha descubierto así que la reacción de los demás, especialmente de los hombres, no solo no ha sido negativa, sino al contrario, todos se han mostrado disponibles y comprensivos. Incluso le parece que las relaciones en el trabajo han mejorado ligeramente. Aunque solo han transcurrido dos semanas, la experiencia emocional correctiva[3] que ha vivido ha sido muy intensa. Laura, que es una mujer extraordinariamente inteligente, ahora ve con claridad que el hecho de haberse mostrado un poco más «humana» no solo no ha provocado juicios negativos, sino que le ha posibilitado resultar más simpática a sus compañeros de trabajo. Redefino la importancia de este descubrimiento: era justamente su estrategia (evitar mostrar debilidades) lo que la exponía más al riesgo de un juicio negativo; en cambio, mostrar alguna pequeña fragilidad era la clave para crear buenas relaciones. Coincidimos, pues, en la importancia de seguir mostrando todos los días una pequeña debilidad para consolidar el cambio producido. Laura explica que está muy preocupada por una convención que se celebrará a finales de mes en un teatro y en la que tendrá que hablar de pie; decidimos, por tanto, empezar a trabajar en el miedo a hablar en público. La primera tarea que tendrá que realizar es la técnica de la peor fantasía:[4] cada día deberá encerrarse en una habitación, poner un despertador para que suene media hora más tarde, ponerse cómoda e intentar pensar en

---

3 Por «experiencia emocional correctiva» se entiende una experiencia emocionalmente muy significativa que modifica radicalmente la percepción que la persona tiene de un determinado aspecto de su realidad y que permite por tanto superar su natural resistencia al cambio (Alexander y French, 1946; Nardone y Milanese, 2018; Nardone, 2019).

4 La técnica de la peor fantasía, desarrollada por Giorgio Nardone a finales de la década de 1980, es la maniobra *best practice* para desbloquear los miedos y ansiedades patológicas más comunes (trastornos fóbico-obsesivos, ataques de pánico, bloqueos del rendimiento, etc.). Para un tratamiento detallado, véanse Nardone, 1993, 2000, 2003a, 2016; Nardone y Watzlawick, 1990, 2005.

las peores fantasías relacionadas con su miedo a hablar en público, procurando provocarse la mayor ansiedad posible y dando rienda suelta a todas las reacciones que surjan. Cuando suene el despertador, ha de acabar todo: deberá interrumpir sus pensamientos, levantarse y lavarse la cara con agua fría. Todos los días deberá repetir este ritual, si es posible siempre a la misma hora. Es un buen momento también para empezar a intervenir en la precaución de hablar sentada, puesto que en esta ocasión parece que no hay alternativa. Laura me explica que, las pocas veces que había intentado hablar estando de pie, se había quedado fuertemente pegada al suelo con las piernas rígidas y temblorosas, cosa que le había confirmado la imposibilidad de hacerlo así. Le pregunto cuáles son en su opinión los mejores oradores y los más carismáticos. Me responde que los que hablan caminando de un lado a otro de la tribuna, con soltura y prestancia. Le hago observar una cosa en la que no había reparado antes: caminar mientras se habla en público no solo es una excelente modalidad oratoria, sino también la mejor estrategia para descargar tensiones y evitar así que las piernas se enrigidezcan y tiemblen. Cuando esté en la convención, deberá ponerse en pie enseguida y empezar a moverse de una forma pausada pero continua, de un lado a otro de la tribuna, manteniendo la atención del auditorio y repartiendo bien la mirada hacia todos los sectores en armonía con los desplazamientos. El error cometido en el pasado —subrayo— era pretender hablar de pie y quieta: si las piernas están en movimiento, o bien se reprime el temblor o bien queda disimulado por el propio movimiento. Laura se despide mucho más aliviada.

En la siguiente sesión, explica con gran entusiasmo que por fin ha conseguido hablar de pie y sin sentirse especialmente ansiosa. Cuenta con asombro que, después de los primeros días en los que en esa media hora efectivamente conseguía pensar en las cosas más terribles, en los días siguientes ya no lograba visualizar desastres; al contrario, cada vez se le presentaban más imágenes de ella pronunciando su discurso con brillantez, caminando de un lado a otro de la tribuna y consiguiendo un gran éxito. Los últimos días incluso se había dormido durante la realización de la tarea impuesta. Y esto era lo que había sucedido en realidad: caminar la había ayudado a tener un pleno dominio de las piernas y prestar atención a distribuir bien la mirada le había hecho olvidarlas.[5] En resumen, un gran éxito, aunque todavía recurría a los ansiolíticos, cosa que en cambio no hizo en encuentros más reducidos.

Felicito calurosamente a Laura por el éxito obtenido y le explico mediante una imagen evocadora cómo funciona la tarea de la peor fantasía. «Cada vez que tenemos miedo de algo es como si se nos apareciera un fantasma terrible: nos asustamos y echamos a correr procurando no mirarlo, pero cuanto más huimos, más nos persigue y nos aterroriza. En esa media hora, tú has hecho lo contrario: no solo has evocado todos los fantasmas de tus miedos, sino que has ido a su encuentro hasta tocarlos. Y como son fantasmas, si los tocas desaparecen. Mira, ya los antiguos decían que si se mira al miedo de frente ya no es miedo; al poco tiempo se convierte en valor».[6] Mantengo la prescripción de la peor fantasía, reducida a 15 minutos, la indicación de mejorar día a día la técnica de hablar caminando, y empezamos a tratar la última precaución que todavía mantiene: el consumo del ansiolítico. Le explico a Laura que, como precaución, seguir tomando ansiolíticos antes de hablar supone un freno a la resolución total de su problema, igual que seguir utilizando una muleta que nos impide caminar confiando solo en nuestras piernas. Le sugiero, por tanto, que siga evitando consumir el fármaco en los encuentros más reducidos, como ya había

5 En este caso, la estratagema utilizada es «surcar el mar sin que el cielo lo sepa» (Nardone, 2003b): tener que prestar atención a la distribución de la mirada desplazó hacia el público la atención puesta por Laura en el control obsesivo de las piernas, reduciendo más su percepción del temblor.

6 La prescripción se basa en la lógica de la paradoja «sé espontáneo», mecanismo por el que, cuanto más intentamos producir voluntariamente algo espontáneo, más lo bloqueamos. En este caso, la espontaneidad que se bloquea en el momento en que nos esforzamos por producirla voluntariamente es la de la ansiedad y el miedo. La estratagema utilizada es «apagar el fuego añadiendo leña» (Nardone y Watzlawick, 1990; Nardone, 1993, 2003b; Nardone y Balbi, 2008).

empezado a hacer, y que comience a moderar la dosis en los más comprometidos. De este modo, en un par de sesiones Laura consiguió asimismo eliminar totalmente esta última precaución, y ahora se declara libre del problema que la había llevado a la consulta. Sus relaciones laborales han mejorado claramente y hablar en público ya no la asusta, sino que se está convirtiendo en una actividad incluso agradable y gratificante. Al acabar la última sesión, me mira sonriendo y exclama: «¡Me parece que el éxito también es femenino!».

2. La desastrosa búsqueda de la perfección

Marta es una hermosa mujer treintañera que trabaja en una compañía de seguros; aunque su trabajo le gusta mucho, desde hace un tiempo se siente cada vez más estresada, desmotivada y ansiosa. La compañera con la que trabajaba está de baja por maternidad, y Marta, que ya tenía un exceso de trabajo, se hundió emocionalmente cuando se le pidió que asumiera parte de sus responsabilidades. Fue su médico de cabecera el que, al verla en ese estado, le prescribió una baja laboral y le sugirió que buscara ayuda psicoterapéutica. Marta llega a la primera sesión con lágrimas en los ojos: «No puedo más», declara, «estoy realmente cansada y vivo aterrorizada por la idea de cometer algún error, porque no consigo concentrarme como antes». El escenario laboral que describe es, en cualquier caso, positivo. El jefe la tiene en gran estima y le concede amplia autonomía en la gestión de sus expedientes, los horarios son flexibles, aunque es un trabajo donde hay unos plazos que deben cumplirse. Las jornadas de Marta siempre han sobrepasado el horario laboral normal; «hay mucho trabajo», me dice, «me resulta imposible salir a las 18 horas, soy demasiado lenta y necesito más tiempo que los demás». La percepción que Marta tiene de sí misma es la de una persona sin grandes dotes, cosa que suple con mucho compromiso y voluntad. Cuenta que, desde pequeña, vive con el terror de que la juzguen incapaz e inepta. Criada en una familia con un padre ausente y una madre muy crítica, Marta no recuerda haber recibido nunca un comentario positivo por parte de los padres, sino más bien descalificaciones. Incluso cuando sacaba buenas notas, el estribillo siempre era: «Tendrías que haber hecho más». Y por mucho que se esforzase, el «más» nunca era suficiente a los ojos de la madre y, finalmente, tampoco a los suyos propios. Marta siempre se siente inadecuada y cree que no está a la altura de las expectativas, primero de la familia y después del resto del mundo. La estrategia adoptada en su intento de evitar el juicio de los demás es la dedicación total al estudio y al trabajo, lo que no le ha dejado tiempo ni energías para construir nada más en su vida. Todo lo que hace Marta ha de ser perfecto al 100 %; un pequeño error, hasta la más mínima imperfección, significa para ella mostrar a los demás su inadecuación y ser juzgada. Además de esto, Marta nunca se permite pedir ayuda o consejo a nadie («pensarían que soy una inepta»), y prefiere resolver todos los problemas ella sola, aunque esto suponga dedicar largos fines de semana al estudio. Esta necesidad de hipercontrol se traduce en jornadas laborales cada vez más largas y en una carga creciente de fatiga y estrés. Y cuanto más aumenta el trabajo, más se alarga el horario de este y explota la ansiedad.

«Si tu ritmo de trabajo sigue así», le pregunto, «¿tu rendimiento laboral en los próximos meses seguirá siendo perfecto o empezará a empeorar?». Me mira con ojos de asombro por el miedo y responde: «Ya está empeorando: la pasada semana por poco me olvido de un vencimiento importante; ya no me concentro como antes y no duermo bien por las noches». «Si he entendido bien, y corrígeme si me equivoco, si las cosas siguen así no solo no conseguirás mantener la calidad de tu trabajo, sino que existe el riesgo de que empieces a cometer errores incluso graves». Marta asiente, tragando saliva a causa de la ansiedad. Con esto hemos creado un miedo más grande —cometer errores graves—, paso fundamental para superar su resistencia al cambio y lograr que colabore en el seguimiento de las primeras indicaciones terapéuticas.[7] Insisto en que, al haber aumentado la cantidad de trabajo, ya no es posible desarrollar toda la actividad «a la perfección», de modo que deberá aprender a priorizar. Las actividades más importantes deberán seguir siendo controladas al 100 %, «perfectamente realizadas», diría ella; en las otras deberá aceptar que pueda haber alguna pequeña imperfección. Para aprender a hacer esto, le pido que cometa todos los días un pequeño error voluntario, algo realmente mínimo, como un fallo de mecanografía en un *email*, o un decimal equivocado en una cuenta, tarea que ha de servir para «entrenarla» a permitirse pequeños errores.[8] Al fin y al cabo, añado, si no podemos evitar que los otros la juzguen por ser inevitablemente imperfecta, es mejor que lo hagan por un pequeño error que por uno grande. Situada al borde del precipicio por el temor a no dominar el estrés y cometer errores imperdonables, Marta acepta hacer justamente lo que hasta ahora siempre había intentado evitar.

Se presenta a la siguiente sesión un poco más aliviada. Todos los días ha cometido algún pequeño error, aunque con cierto esfuerzo, y nadie parece haberse dado cuenta. «Tal vez solo ha sido cuestión de suerte», afirma, «además, los errores eran realmente insignificantes». Comenta que estas semanas ha estado algo más tranquila y ha reducido el control sobre algunos asuntos menos importantes. La felicito por haber realizado al pie de la letra la tarea impuesta y le prescribo un aumento: todos los días deberá introducir dos pequeños errores o imperfecciones, o uno más grande que valga por dos, y veremos si en esta ocasión los demás se dan cuenta. Paralelamente, puesto que lo ha hecho tan bien, deberá solicitar a diario una pequeña ayuda a un compañero: pedir la opinión sobre algún expediente o un consejo, aunque no lo necesite; deberá ejercitarse cada día en mostrar a

---

7 Crear un miedo mayor para impedir el menor es una técnica desarrollada por Giorgio Nardone para utilizarla como recurso para desbloquear la emoción que está bloqueando a la persona, esto es, el miedo (Nardone y Watzlawick, 1990; Nardone, 2000, 2003a, 2016; Nardone y Balbi, 2008).

8 Para un tratamiento de la prescripción del pequeño error voluntario, véase Watzlawick, Weakland y Fisch, 1974.

los demás una pequeña necesidad. Marta se presenta sonriente a la tercera sesión y explica que todos esos pequeños errores voluntarios la han hecho sentirse finalmente libre de la esclavitud del perfeccionismo que la había acompañado toda la vida. Esto le ha permitido salir un poco antes del trabajo y dar un pequeño paseo, mirando los escaparates del centro. «Algo que hacía años que no ocurría», exclama contenta. Y, lo más importante, ni siquiera se ha preguntado si los compañeros se habían dado cuenta y la estaban juzgando, «en realidad, no me importa en absoluto lo que piensen los demás», me dice riendo. Solicitar una pequeña ayuda también la había liberado un poco de su afán de perfeccionismo y, en definitiva, a nadie le había escandalizado que no supiera algo. Le pido que valore el rendimiento laboral de las dos últimas semanas y responde que ha sido muy bueno, aunque no perfecto, gracias también a haber recuperado una energía y una lucidez que le han permitido ser más rápida y eficaz.

La única persona ante la que no se ha atrevido a mostrar imperfecciones es su jefe. La idea de decepcionar a ese hombre tan amable le parece insoportable; él siempre está dispuesto a valorarla. Mientras Marta habla, resulta evidente que lo que siente por su jefe va más allá del trabajo: es un vínculo afectivo, casi sentimental. Y también Marta parece reconocer por primera vez que su miedo a decepcionar al jefe va más allá de la dimensión puramente laboral. La joven se muestra incómoda y confusa, puesto que afirma que no siente ningún tipo de atracción por ese hombre y no entiende por qué existe un vínculo tan fuerte. La tranquilizo haciéndole observar que su perfeccionismo, producto del miedo al juicio, le había impedido hasta ahora establecer relaciones significativas, y que era inevitable que acabara depositando su afecto en los únicos vínculos que había creado, o sea, los laborales. Al fin y al cabo, el jefe había sido la única persona que la había valorado y era comprensible que temiera decepcionarlo.

Este descubrimiento me posibilita empezar a trabajar también en otras facetas de la vida de Marta. Mientras su única inversión afectiva sea la laboral —le digo— se arriesga al fracaso, precisamente porque hace depender solo de esta toda su autoestima y su equilibrio personal. Por consiguiente, ha llegado el momento de intentar construir otra cosa, relaciones y placeres fuera del trabajo, que ahora son posibles porque tiene más tiempo libre a su disposición. «No sé cómo hacerlo», me dice ingenuamente, «¿puede ayudarme?».

La terapia prosigue, pues, por dos vías sinérgicas: por un lado, la ayudo a consolidar cada vez más la capacidad de dosificar las energías laborales según la prioridad y a permitirse pequeñas imperfecciones. «La perfección es la peor enemiga de la excelencia», subrayo; por otro lado, le sirvo de guía para abrirse al resto del mundo y construir todo aquello que hasta ahora no había tenido tiempo ni manera de hacer; un círculo virtuoso, porque cuantas más relaciones añade Marta a su vida, más consigue desvincularse un poco del trabajo, y cuanto más se desvincula, más descubre nuevas pasiones y personas a las que dedicarse.

Seis meses más tarde, Marta se presenta al *follow up* con su novio: lo conoció en un curso de baile y piensan casarse el año próximo; el trabajo va muy bien y, aunque ya no es el centro de su mundo, el jefe sigue estando muy satisfecho de su rendimiento. «¿Qué sensación produce no ser ya perfecta?», le pregunto en broma al despedirnos; «Maravilloso», responde, «¡Ah, si lo hubiese descubierto antes...!». La mirada perpleja del novio hace que las dos nos echemos a reír.

3. Cuando la paranoia tiene un fundamento real

Marco es un profesor de matemáticas y llega a la terapia en un estado de angustia profunda. Explica que, después de años dando clases en un colegio privado dirigido por religiosos, había conseguido entrar como profesor titular en un centro público. El sueño de toda su vida se había hecho realidad, y Marco había empezado a trabajar en el nuevo centro con gran entusiasmo. Pero aparece algo con lo que no contaba: acostumbrado desde siempre a relacionarse con chicos muy respetuosos en un ambiente de trabajo que en realidad era como una gran familia, Marco se encuentra con un ambiente completamente diferente. Muchos chicos son realmente problemáticos y la han tomado con él, ya que se han dado cuenta de que no sabe mantener la disciplina. Incapaz de hacerse respetar y de dominar la clase, Marco había buscado la ayuda de sus compañeros, pero se encontró con una actitud de indiferencia, por no decir de acusación directa por no ser capaz de hacer su trabajo. De modo que había empezado a despertarse por la noche con una fuerte ansiedad ante la idea de ir al colegio; durante la mañana, tanto en clase como en la sala de profesores manifestaba somatizaciones de ansiedad: rubor, sudoración, temblor de manos, que le hacían sentirse observado y ridiculizado por todos. «Habrán pensado que estoy mal de la cabeza, que soy tonto, incluso cuando los padres se cruzaban conmigo fuera de la escuela me miraban riéndose por lo bajo». La situación se agravaba por el hecho de vivir en un pueblo donde todos se conocían y, cuando salía a comprar o a dar un paseo, siempre se encontraba con algún compañero, alumno o padre, por el que se sentía inevitablemente juzgado. El malestar llegó a ser tan grande que primero renunció al trabajo y luego se trasladó a un pueblo vecino. Más de un año después de tomar esta decisión, se dio cuenta de que su sensación de sentirse observado y ridiculizado no solo no había desaparecido, sino que se había extendido como una mancha de aceite. Pese a evitar completamente todos los lugares que antes frecuentaba, cuando salía se sentía observado y temía que todo el mundo pensara: «Es un tipo raro, está mal de la cabeza». Había llegado a imaginar que estos desconocidos también se habían enterado de sus pasadas «rarezas» escolares. Aunque desde el punto de vista racional, Marco creía que era muy improbable que esto hubiera ocurrido, desde el emocional estas percepciones le parecían indiscutibles y, por consiguiente, salía lo menos posible y cambiaba constantemente de ruta para evitar encontrarse con las mismas personas varias veces. Además de ciertos lugares, Marco también evitaba mirar a las personas a los ojos, por el terror a leer en ellos la confirmación de sus miedos. Esta actitud no hacía más que aumentar su percepción de ser constantemente juzgado y de vivir en un mundo poblado de enemigos.

El engañoso miedo a no estar a la altura

Después de sintonizar con su gran sufrimiento y sus sentimientos, sin poner nunca en duda o descalificar su percepción,[9] propongo a Marco una primera indicación: hacer un estudio puntual del «enemigo».

Todos los días, cuando salga a hacer recados y perciba la sensación de ser juzgado o ridiculizado, deberá observar atentamente «al enemigo» y buscar todos los signos —objetivos e inequívocos— que le inducen a afirmar que el otro está pensando de él justamente lo que teme. Y no solo esto: si los encuentra, deberá otorgarles una puntuación del 10 —máximo signo del juicio— al 1 —mínimo o casi nulo. «Para poder combatir al enemigo, antes debemos conocerlo bien», le explico. «Hay que ver si todos son enemigos por igual o si existen distintas gradaciones».[10] Marco se marcha de la sesión más tranquilo: ha encontrado una aliada que puede apoyarlo y protegerlo, e inmediatamente empieza a poner en práctica la prescripción.

Marco llega a la siguiente sesión con un cuaderno repleto de anotaciones: cada vez que había cruzado la mirada con otra persona, incluso caminando por la calle, había experimentado un fuerte malestar, aunque —con gran sorpresa por su parte— no siempre había conseguido encontrar signos objetivos e inequívocos de juicio. Cuando los había hallado, las notas que le merecían eran muy bajas, entre el 1 y el 5. Al analizar juntos los signos, descubrimos que la mayor parte se refería a personas que sonreían o que reían. En todos estos casos, su percepción era que se reían de él. «Al fin y al cabo», me

9 Una de las reglas fundamentales para superar las resistencias al cambio es sintonizar con la percepción del otro y evitar oponerse a su visión de la realidad, por muy absurda que pueda parecernos. Para profundizar en esta cuestión, véanse Nardone, Loriedo, Zeig y Watzlawick, 2006; Nardone, 2015.

10 La prescripción de la búsqueda de confirmación contradictoria, elaborada por Giorgio Nardone, actúa a varios niveles: en primer lugar, permite comunicar al paciente de forma implícita, es decir, sin descalificar su percepción, que no todos lo juzgarán con la misma intensidad; en segundo lugar, desplazar la atención del miedo a la ejecución de la tarea lo obliga a exponerse y a entrar en contacto con los demás, en vez de evitarlos; por último, tener que buscar los signos objetivos e inequívocos y clasificarlos con una nota ayuda a la persona a distanciarse cada vez más de su percepción distorsionada de la realidad (Nardone y Balbi, 2008; Nardone, Balbi, Vallarino y Bartoletti, 2017; Muriana y Verbitz, 2017).

dice, «reír es un signo objetivo, ¿no?». «Sin duda», respondo, «pero ¿es un signo objetivo de que se están riendo de ti o podrían estar riéndose por cualquier otro motivo?». Me mira pensativo y responde: «Efectivamente, no lo había pensado... cuando veo a alguien reír doy por supuesto que se está riendo de mí, pero no puedo decir que sea objetivo». «A menos que tú seas el centro del universo», respondo con una sonrisa ligeramente irónica, «y el único motivo de hilaridad en este mundo de pobres personas tristes. Si así fuese, ¡debería darte las gracias por existir!». Marco se echa a reír y responde: «Bueno, ¡esto tal vez sea demasiado incluso para mí!». La percepción paranoica de Marco no ha desaparecido, pero se ha debilitado gracias a la prescripción y me ha permitido introducir una primera pequeña duda en su certeza, un gusanillo que, poco a poco y gracias además al sutil humorismo utilizado, conducirá a la total extinción de la percepción persecutoria. Lo invito, por tanto, a seguir buscando los signos, que deberán ser objetivos e inequívocos, y a atreverse gradualmente a ir a lugares incluso algo más complicados para él, es decir, aquellos en los que había estado en muchas ocasiones y que luego había dejado de frecuentar.

En la siguiente sesión, Marco parece más aliviado: ha realizado muy pocas anotaciones, a pesar de haberse adentrado en sitios que evitaba desde hacía tiempo y de haberse encontrado incluso con algún viejo conocido. Todavía le afecta toparse con personas que ríen, pero es capaz de distinguir que no necesariamente se están riendo de él. Marco está descubriendo que no es el centro del universo, aunque aún surgen situaciones en las que persiste la percepción de ser mirado como el «raro». Las analizamos juntos y hacemos un descubrimiento interesante. Otra solución intentada por Marco como precaución para no parecer «raro» consiste en detenerse a charlar con alguien que conoce superficialmente: un vecino de la escalera, aunque le sea antipático, o un excompañero de clase. Aunque no hay nada más desagradable para Marco que tenerse que exponer y pararse a hablar, cree que es lo que debe hacer para que no lo consideren el «raro». Es evidente que, a causa del intenso miedo a ser juzgado, Marco ha olvidado lo que hay que hacer en determinados contextos sociales y ha adoptado conductas y actitudes algo insólitas en realidad. Ahora ya puedo permitirme hablarle con cierta —amable— ironía, y le digo: «A ver si lo entiendo, ¿me estás diciendo que obligas a todos estos pobrecillos con los que te cruzas por casualidad a mantener largas conversaciones para así evitar que piensen que eres raro?». Me mira con ojos de asombro y responde: «Sí, creía que era esto lo que había que hacer, que era lo que hacen las personas normales». Insisto: «Pero si te ocurriera a ti, ¿cómo te sentirías?». Contesta que no habría nada peor que verse obligado a entretenerse mucho rato con personas con las que te encuentras por casualidad. Siguiendo en tono de broma, le hago observar que toparme con alguien como él sería una pesadilla, teniendo en cuenta que siempre voy con prisa y soy poco propensa a las charlas inútiles. Y añado: «¿Has pensado que los demás pueden sentir lo mismo que tú o que yo? ¿No será que para evitar parecer el raro te estás comportando realmente de una manera extraña?». La expresión del rostro de Marco merecería ser filmada: una rápida manifestación de sorpresa mezclada con temor se transforma de golpe en una gran sonrisa, como si acabara de hacer un maravilloso descubrimiento. «O sea, ¿que puedo dejar de detenerme a hablar con el vecino de casa y con todos los demás?», me pregunta esperanzado. «Desde luego, ¡a menos que quieras fastidiarlos y parecer raro!», respondo. «Cuando te cruces con un vecino, basta con una sonrisa y un saludo, y luego sigue adelante, a menos que tengas algo que decirle o realmente tengas ganas de charlar». «¡Muy improbable!», contesta riendo.

Vuelvo a ver a Marco tres semanas más tarde y me cuenta el alivio que ha supuesto para él no tener que pararse a charlar. La percepción de ser ridiculizado y juzgado también se ha reducido al mínimo y ha vuelto a ir al gimnasio, que había abandonado debido a sus miedos. Además, está pensando seriamente en regresar al trabajo como docente: «De momento en una escuela privada», me dice, «en un futuro ya veremos».

2. ¿Quién sabe lo que pensarán de mí? *El miedo a exponerse*

Tras haberle felicitado por todos estos avances y las grandes capacidades demostradas, añado que ahora le falta un último esfuerzo para liberarse completamente del antiguo problema. Como rito de paso definitivo, deberá regresar al pueblo de antes a la hora de salida de clase, a fin de encontrarse con los antiguos compañeros de trabajo. «Si realmente alguno pensaba que eras extraño y problemático, ahora tienes la ocasión de corregir aquella impresión demostrándoles que eres una persona serena y equilibrada. Si, por el contrario, esto nunca hubiera ocurrido, te servirá para superar definitivamente los antiguos miedos». Marco se muestra algo temeroso, pero entiende que es un paso fundamental para dejar atrás el pasado y continuar con su vida libre de paranoias.

Vuelvo a verlo al cabo de un mes, ¡radiante! Fue a esperar a sus compañeros a la salida del colegio. Justo se encontró con uno de los que más temía y este, «extrañamente», se mostró muy amable y contento de volver a verlo. Aunque estuvo más bien tenso, no percibió ningún tipo de juicio, ninguna mirada extraña, ninguna risa sospechosa. «¡Prueba superada con éxito!», me dice muy satisfecho, «¡qué bueno es saber que no soy el centro del universo!».

3
Gustar a toda costa: el miedo
a la impopularidad

*La suprema felicidad de la vida es saber que eres amado
por ti mismo o, más exactamente, a pesar de ti mismo.*

Victor Hugo

Quien tiene miedo de ser impopular no teme la opinión de los demás
en general, sino que tiene miedo de hacer o decir alguna cosa que le
haga perder la aprobación o el afecto de las personas que le importan.
Puede tratarse solo del círculo más íntimo de afectos y amistades,
o puede que sea un guion más amplio que incluya algún tipo de relación significativa. En el ámbito laboral, este miedo se manifiesta sobre
todo en la dificultad o incapacidad de tomar decisiones que puedan
desagradar a alguien (Nardone, 2014a). En el ámbito personal, puede
llegar a afectar a todas las relaciones afectivas, tanto de amistad como
sentimentales, y expresarse a través del miedo a dejar de ser amados hasta
el punto de ser abandonados. La necesidad básica, en todos los casos,
es sentirse amados, queridos o apreciados por los demás.

En la versión más «ligera», la persona siempre está pendiente
de las exigencias de los demás y se lamenta de su egoísmo, mientras
sigue esperando, en vano, recibir todas las atenciones que ella tan bien
dispensa. Resentida y molesta, se dice que debería implicarse menos
en los afectos, pero sin conseguirlo del todo, por miedo a defraudar
al otro y perder la relación. Si la correspondencia entre «dar» y «recibir» se desequilibra demasiado, puede llegar a romper la relación; no
obstante, el mismo guion se repite en las nuevas relaciones, que por
otra parte tan bien sabe crear. Y el ciclo comienza de nuevo.

En la versión más extrema, la persona acaba «prostituyéndose» literalmente ante las exigencias del otro con tal de mantener el consenso. Atrapada en su necesidad de complacer a los demás para ser confirmada y querida constantemente, la «prostituta relacional» es incapaz de decir «no» a cualquier tipo de petición, hasta el punto de olvidarse de sí misma y de sus propias necesidades (Muriana, Pettenò y Verbitz, 2006; Nardone y Balbi, 2008; Nardone y Milanese, 2018). Cuando esta actitud se generaliza, se transforma en una auténtica patología porque distorsiona completamente todas las relaciones personales y afectivas. De hecho, estas personas se derrumban cuando comprueban que haber dedicado toda su vida a estar disponibles y volcadas en los demás las ha hundido inexorablemente en la soledad. Al borde del precipicio de la soledad, muchas veces llegan a la terapia con síntomas de depresión, que puede llegar a ser severa.

En algunos casos, la persona vive en un auténtico «desierto» relacional: el guion rígido de la «prostitución» la ha hecho tan poco atractiva a los ojos de los demás, sobre todo en las relaciones sentimentales, que inevitablemente ha acabado abandonada. En otros casos, debido a su extrema disponibilidad, estas personas tienen una vida de relaciones más bien rica y son queridas y apreciadas. En esta versión, el sentimiento de soledad explota cuando el individuo reconoce, consternado, que los otros solo lo quieren por lo que «hace» y no por lo que «es». El desequilibrio en la relación con los demás hace que la relación consigo mismo y con el mundo sea tan disfuncional que provoca una situación paradójica en la que, cuanto más éxito relacional consigue la persona, tanto más desastrosos son los resultados emocionales (Nardone, 2014a).

Las soluciones intentadas propias de quien teme la impopularidad son:

a) *Seguir la corriente a los demás y complacerlos:* la incapacidad de decir «no» puede llegar hasta el punto de hacer cosas muy penosas o desagradables, e incluso a hacer favores y prestar dinero en situaciones en que la persona no podría permitírselo.

b) *Hacer lo que uno cree que quieren los demás,* anticipándose a menudo a los deseos y necesidades, sin que los otros lo pidan.

c) *Evitar exponerse* haciendo o diciendo cosas que se teme que los demás no aprueben, incluso tomar decisiones incómodas en el trabajo. Si la decisión no puede ser evitada, la persona intenta implicar a los otros en el proceso de decisión o hacer que la tome cualquier otra persona.

1. Nunca es demasiado tarde para aprender a decir «¡no!»

En cuanto se sienta, Paola estalla en un llanto desconsolado. «Estoy desesperada», exclama entre sollozos, «nadie me quiere», y empieza a explicar el enésimo desengaño sentimental. Tras un matrimonio fracasado y alguna que otra relación que nunca llegó a cuajar, el último hombre con el que estaba saliendo le ha dicho claramente que lo suyo es una «hermosa amistad», pero nada más. «¡Cómo que una hermosa amistad!», dice con voz entrecortada, «pero si hace meses que pasamos todos los fines de semana en su casa de la montaña, hablamos, nos reímos mucho y hacemos el amor fantásticamente». Paola no entiende cómo se puede llamar a esto «una hermosa amistad». Alessio y ella se conocieron a través de una aplicación de *dating* y, al principio, parecía un auténtico flechazo. Él era un encanto: siempre le enviaba los buenos días y las buenas noches y, por la noche, mantenía largas conversaciones explicándole los problemas del trabajo. Entre semana iba a su casa a cenar y se quedaba a dormir: «El mejor sexo de mi vida», confiesa con ojos soñadores. Y Paola se lanzó de cabeza a esta relación con toda la fuerza y la entrega de que era capaz: sabiendo que él tenía problemas económicos, cuando salían a cenar insistía en pagar ella, le daba mil consejos para el trabajo y estaba siempre disponible cuando él se presentaba en su casa sin avisar, aunque fuera de noche, muy tarde. Es cierto que Alessio tenía altibajos: a veces desaparecía durante días y, sobre todo, pasaba todos los fines de semana en la montaña («una auténtica obsesión», como lo definía Paola). Aunque a ella le encantaba el calor y no sabía esquiar, aceptaba de buen grado acompañarlo: con tal de estar con él, estaba dispuesta a todo. De modo que los fines de semana transcurrían con ella encerrada en casa esperándolo, mientras él esquiaba todo el día con los amigos. A veces, cuando regresaba estaba malhumorado e irritable, pero —pobrecillo— probablemente ya estaba preocupado por el trabajo del lunes. Y Paola se iba encogiendo para no molestarlo, cocinaba para él, aceptaba incluso pasar la velada en silencio si él no tenía ganas de hablar. Con el paso del tiempo, Alessio se fue mostrando cada vez más distante; a veces se iba a la montaña sin ella y sin avisarle siquiera de que aquel fin de semana no se verían. Paola insinuaba alguna tímida protesta, pero frente al «yo soy así» cedía y se adaptaba, con la ilusión de que toda esta entrega garantizaría el éxito de la relación. Cuando, en un momento de enfado ante la enésima desaparición, le dijo que esta no era manera de comportarse cuando se está en pareja, recibió la «puñalada» que la había llevado hasta mí: «¡Pero qué pareja, lo nuestro no es más que una hermosa amistad!».

Además, este era tan solo el último desengaño amoroso. Me explica que, además de la relación con el marido al que había dejado ella, todas sus relaciones amorosas habían acabado del mismo modo: Paola totalmente entregada al otro, que, aun reconociendo que era «maravillosa y fantástica», nunca la elegía como compañera. Tampoco las relaciones de amistad funcionaban bien: «Yo estoy siempre disponible cuando mis amigas me buscan, paso horas consolándolas cuando están mal, voy a buscarlas al aeropuerto cuando regresan de viaje, y ellas nunca me llaman». La peor decepción la tuvo cuando buscó consuelo en ellas ante este enésimo desengaño amoroso y le respondieron que en realidad ya debería haber comprendido desde hacía tiempo que él no estaba verdaderamente interesado en ella. Después de esto, habían desaparecido y prácticamente no respondían a sus llamadas, a menos que necesitaran algo, y en este caso siempre encontraban a Paola dispuesta a decir que sí. Y por último, en el hospital donde Paola trabajaba de enfermera, siempre le correspondían los peores turnos de trabajo y las actividades más pesadas, y también allí —no hace falta decirlo— estaba siempre dispuesta a satisfacer las necesidades de sus compañeros, que nunca le devolvían los favores, sino que más bien se aprovechaban de ella». En este desierto afectivo, Paola se había derrumbado; lloraba a diario y se sentía profundamente deprimida. «Hago todo lo posible para que me quieran, pero no funciona, ¿qué más puedo hacer?», me pregunta, desesperada.

«Perdóname, Paola, pero necesito hacerte alguna pregunta directa para comprender mejor la situación», le digo. Asiente en silencio. «¿El hecho de que siempre estés disponible para todos es porque crees que es lo que hay que hacer, o porque temes que si no lo haces no te querrán?». Los ojos se le llenan nuevamente de lágrimas y tiene el cuerpo en tensión como intentando controlar una fuerte reacción emocional. «Siempre he sido muy insegura», admite, «y siempre he creído que secundar a los demás era el único modo de ser aceptada y deseada».

«Teniendo en cuenta lo que has vivido hasta ahora, ¿crees que esta estrategia ha funcionado o no?»,[1] insisto. «Realmente no está funcionando, por lo que veo, pero no sé por qué», responde con un hilo de voz. «Vamos a ver si lo entendemos juntas. Las personas que siempre siguen la corriente a los demás y nunca dicen que no, ¿qué imagen crees que les transmiten?». Piensa un poco y contesta: «Tal vez la de ser personas sin carácter, que no se valoran a sí mismas». Asiento y continúo: «¿Y es una característica que las hace más atractivas o menos atractivas a los ojos de los demás?». «Menos atractivas, obviamente», responde visiblemente afectada. En ese momento, manteniendo una comunicación no verbal sosegada, añado: «Mira, nosotros definimos este tipo de conducta con una expresión algo desagradable... la llamamos "prostitución relacional"». Me mira con

---

1 Se trata de la primera de una serie de «preguntas orientadas», típicas del diálogo estratégico, elaboradas no solo para hacer que la persona entienda, sino sobre todo para que «sienta» de manera diferente la disfuncionalidad de sus modalidades perceptivo-reactivas, guiándola a un cambio rápido de su percepción de la realidad (Nardone y Salvini, 2004; Nardone y Milanese, 2018).

cara de asombro y permanece expectante.[2] «Prostitución relacional porque es como si la persona, con tal de ser aceptada y querida, se prostituyese continuamente ante los deseos ajenos, de modo que consigue ser apreciada solo por lo que hace y no por lo que es». «¡Es exactamente así!», exclama, «siempre he tenido la sensación de que los demás solo me quieren si hago lo que desean, pero en el momento en que dejo de seguirles la corriente, ¡ya no me quieren!». «Por tanto, si he entendido bien, y corrígeme si me equivoco, tu profunda inseguridad te ha llevado a pensar que el único modo de establecer relaciones de éxito y no quedarte sola es satisfacer los deseos de los demás hasta el punto de "prostituirte relacionalmente". Pero esta actitud no solo no ha funcionado, sino que te ha hecho cada vez menos atractiva, de manera que los otros te han querido solo si secundabas sus deseos, confirmándote por lo que haces y no por lo que eres». «Así es», responde. Ahora puedo acabar preguntando: «Haber aceptado relaciones de este tipo por miedo a quedarte sola, ¿te está haciendo sentir más sola?». Piensa la respuesta con detenimiento, suspira y dice: «Mucho más sola, desgraciadamente».

Mediante una secuencia de preguntas y paráfrasis típicas del diálogo estratégico, que culmina en la fuerte y provocadora imagen de la «prostituta relacional», se ha inducido a Paola a sentir y no solo a comprender la terrible disfuncionalidad de su guion.

Acordamos que, puesto que lo que ha estado haciendo hasta ahora para obtener consenso y no estar sola es justamente lo que la ha arrojado a la soledad más profunda, para mejorar la situación debemos construir algo radicalmente distinto.

Le explico que el primer paso será aprender a decir «no». Como se trata de una habilidad nueva y muy difícil para ella, habrá que avanzar con lentitud y de manera gradual. El primer paso consistirá

---

2 La utilización de una comunicación evocadora es fundamental para producir la experiencia emocional correctiva, que hace que la persona esté más disponible al cambio. En este caso, la evocación es muy negativa, a fin de crear aversión al guion (el de la prostitución relacional), que queremos que la persona bloquee. Para profundizar más, véanse Nardone, 2015, 2019, 2020; Nardone y Milanese, 2018.

en responder diariamente con un mínimo «no» a cualquier petición, pero en su versión más simple, esto es: «Lo siento, me gustaría, pero no puedo». El «no puedo» puede referirse a cualquier ámbito: «lo siento, me gustaría ayudarte en este trabajo, pero tengo un dolor de cabeza terrible»; «lo siento, me gustaría acompañarte al cine, pero tengo invitados en casa»; pero también a no contestar inmediatamente una llamada telefónica no deseada y llamar más tarde diciendo: «Lo siento, habría contestado, pero tenía el teléfono en silencio». Lo importante —subrayo— es que el «no puedo» sea algo que no dependa de tu voluntad, de modo que no se te pueda hacer ningún reproche. Le sugiero también que se prepare unos cuantos «no puedo» en su mesa, para tenerlos ya dispuestos en caso de necesidad.[3]

Paola llega a la siguiente sesión y explica que ha conseguido decir muchos «me gustaría, pero no puedo», sobre todo en el trabajo. Por fin ha logrado conservar todos sus días libres y rechazar cambios de turno no deseados, además de haber limitado muchísimo la ayuda a sus colegas ocupándose también de sus pacientes. En cuanto a las amistades, solo en una ocasión una amiga le había pedido que la acompañara en coche a unos grandes almacenes fuera de la ciudad, petición que Paola rechazó rápidamente alegando un fuerte dolor de cabeza. Extrañamente, la amiga le envió un mensaje por la noche preguntando cómo se encontraba, cosa que no ocurría desde hacía tiempo. Con Alessio, sin embargo, no ha conseguido decir que no. Lo único que ha logrado es evitar buscarlo, cosa que antes hacía con frecuencia, y esperar que sea él quien dé señales de vida.

La felicito por los pasos dados, poniendo el énfasis en los recursos que ha demostrado poseer y subrayando la necesidad de avanzar sin prisa; como decía Napoleón: «Si tengo prisa he de ir muy despacio». Paola deberá mantener la indicación durante otras dos semanas, incrementando los «lo siento, me gustaría, pero no puedo» a dos al día. Como lo ha hecho tan bien, solo en el trabajo y si se ve capaz,

---

3 Véase Nardone y Balbi (2008) para un tratamiento detallado de la técnica de aprender a decir «no».

podrá empezar a utilizar el segundo paso del adiestramiento: «Lo siento, me gustaría, pero tengo una cosa más importante que hacer». Se despide sonriendo.

En la tercera sesión, Paola está más satisfecha: cuenta que en el trabajo ha conseguido preservar sus espacios utilizando los dos tipos de «no» y, cosa rara, ha notado que los compañeros son más amables, menos arrogantes y, si necesitan algo, ahora lo piden educadamente, sin exigirlo. En cuanto a las amistades, ha obtenido los primeros resultados: alguna amiga, ante sus pequeñas negativas, ha empezado a relacionarse más con ella y a prestarle más atención. Estas experiencias emocionales correctivas en las relaciones con los demás son fundamentales para que Paola vaya confiando en su nuevo rumbo y abandone cada vez más su guion perceptivo-emocional-reactivo de prostituta relacional.

También ha conseguido decir algún pequeño «no» a Alessio, por ejemplo cuando él le ha pedido que cenen juntos en el último momento o la ha llamado durante su horario de trabajo para explicarle sus problemas y desahogarse. Con gran sorpresa por su parte, no solo no se ha enfadado por estas negativas, sino que se ha mostrado un poco más atento y amable, «casi como en los primeros tiempos», me dice. Le pregunto cómo se explica estos cambios y me responde: «¡Supongo que la prostituta tampoco le gustaba mucho!». El proceso terapéutico continúa durante los meses siguientes, consolidando cada vez más la capacidad de Paola de valorarse a sí misma y de recurrir a pequeñas negativas. El último paso que le sugiero, el más difícil, es aprender a decir: «Lo siento, podría, pero ahora mismo no me apetece».

Los resultados que Paola me transmite cinco meses después del inicio de la terapia son importantes: alguna amiga, ante su cambio, ha desaparecido definitivamente («al parecer, no le importaba de verdad», dice), pero las de siempre siguen ahí y ahora se muestran mucho más disponibles y amables. Con una de estas, hasta ha sido capaz de afrontar un malentendido sobre un hecho que había sido muy doloroso para ella, obteniendo incluso excusas y la reanudación de la relación. Y en las nuevas relaciones que está construyendo se preocupa mucho de establecer una sana reciprocidad. Respecto de Alessio, las cosas han mejorado mucho; aunque sin haber hablado de la naturaleza de su relación, él se comporta más como compañero que como amigo, ya no se muestra huraño y le dedica más atenciones. Es Paola la que ahora no está tan segura de que esta relación le interese tanto y está empezando a contemplar otras opciones, «pero sin prisa», me dice. Le pregunto qué queda del viejo guion de «prostituta relacional». «¡Completamente archivado!», me dice sonriendo, y luego añade, en broma: «Y si la encuentro por la calle, ¡la tumbo de un puñetazo en la nariz!».

2. La mentirosa patológica

«Soy una mentirosa patológica» es la frase inicial de Giulia, una simpática muchacha de 24 años enviada a mi consulta por el padre como enésimo intento de psicoterapia. La situación se había precipitado unos meses antes, cuando este descubrió que Giulia había mentido sobre el número de asignaturas aprobadas en la universidad, la enésima mentira que había resquebrajado gravemente su relación. A partir de ese momento, el padre se negó a verla y mantenía con ella contactos telefónicos esporádicos.

Giulia cuenta que, desde niña, no podía evitar mentir a sus padres y amigos prácticamente sobre todo. La del número de exámenes había sido la mayor mentira y una de las pocas cuyo motivo estaba claro: el temor a que sus padres le pidiesen que abandonara Milán, a cuya universidad asistía, para regresar a vivir a su ciudad natal. Sin embargo, en la mayoría de los otros casos Giulia no tiene claro el motivo de sus continuas mentiras sobre cosas que ella misma considera inútiles, como decir que había leído un libro que no había leído o que no se había encontrado con una persona con la que sí se había encontrado. El guion se había repetido siempre en los mismos términos: Giulia mentía sobre algo banal una vez, dos veces, muchas veces, hasta que, inevitablemente, la mentira «de las patas cortas» era descubierta. En el caso de los padres, esto suponía el enésimo enfado y sermón sobre la importancia de decir la verdad, seguido siempre de llantos y promesas por parte de Giulia de no volver a mentir. Con los amigos el guion era ligeramente distinto, pues rara vez se enfrentaban con ella por las mentiras, pero Giulia se había dado cuenta de que algunos se habían ido alejando. Todo esto le provocaba un gran sufrimiento: «Vuelvo a caer una y otra vez», me dice llorando.

«Mira, Giulia, en la naturaleza, si algo se mantiene en el tiempo sin cambiar, aunque provoque sufrimiento, ha de tener forzosamente alguna utilidad, porque de lo contrario habría desaparecido», le digo, «veamos cuál podría ser la tuya. ¿De qué te sirve o de qué te protege mentir?». Giulia se detiene a reflexionar, pero me doy cuenta de que la palabra «proteger» ha resonado en cierto modo en su interior. «Tengo miedo de decepcionar a los demás», responde con un hilo de voz, expresión de quien acaba de vivir una experiencia emocional muy fuerte. Y empezamos a recorrer juntas su vida de «mentirosa patológica».

Criada en una familia con un hermano mayor destacado en todo —«prácticamente perfecto», dice ella—, desde niña sintió la presión de estar a la altura de las expectativas de sus padres. Por temor a no conseguirlo, empezó a alterar poco a poco la realidad, primero con pequeñas distorsiones, luego con auténticas mentiras. Si temía que a sus padres no les gustaría mucho una amiga, por ejemplo, la llamaba por teléfono a escondidas o decía que no había hablado con ella; aunque decidió estudiar piano, en realidad luego se «había saltado» gran parte de las clases, etc. Y de una mentira nacía otra mentira, en una secuencia infernal cuyo control perdía y acababa siendo descubierta.

Lo bueno era que, en la mayor parte de los casos, todo era cosa suya: a los padres nunca les había molestado aquella amiga, ni le habían manifestado el deseo de que estudiara piano o cualquier otra actividad de las que ella escogía puntualmente y luego abandonaba. Con los amigos, Giulia también alteraba la realidad, a veces para parecer más atractiva a sus ojos, otras veces para ocultar aspectos que temía que los decepcionaran y los alejaran. «Si lo he entendido bien, Giulia, las mentiras siempre son tu estrategia para hacer que las personas que te rodean te aprecien y no te abandonen, ¿es así?».

Asiente: «Sí, exactamente así». «Bien, sabes que cada estrategia ha de ser valorada por sus efectos. ¿Cómo valoras la tuya? ¿Los otros te aprecian realmente más o se están alejando de ti?». Rompe a llorar, consciente del efecto desastroso de su solución intentada. La «mentirosa patológica» se muestra ahora tal como es en realidad: una muchacha insegura y asustada, que se ha refugiado en las mentiras para intentar ocultar su frágil autoestima y ha terminado dañándose inevitablemente a sí misma y sus relaciones.

Puesto que es justo lo que ha estado haciendo hasta ahora para procurar ser amada y apreciada por los demás, lo que ha hecho que la rechacen y la juzguen de manera negativa, acordamos que es necesario hacer algo distinto. Le prescribo, por tanto, a Giulia que todos los días haga o diga algo que tema que le pueda hacer perder la aprobación de los demás. Obviamente, deberá ser algo muy poco importante, nada amenazador; por otra parte, lo peor que puede hacer —mentir— ya lo hace desde siempre, ¿qué puede haber peor? Acordamos, además, que, si se le escapa una nueva mentira, deberá ir a la persona a la que haya mentido, declarar la mentira y excusarse, explicándole el motivo, puesto que ahora lo tiene claro. Por mucho miedo que le dé, le digo, siempre será mejor que seguir siendo la mentirosa poco fiable que se ha mostrado hasta ahora, puesto que, tarde o temprano, sus mentiras acaban siendo descubiertas.

Giulia acude, radiante, a la segunda sesión: ha corrido muchísimos riesgos y no ha sucedido nada: ninguna decepción, ningún juicio, ninguna actitud distante. Solo una vez había dicho una pequeña mentira a una amiga; al día siguiente la había llamado para excusarse, descubriendo que esta le agradecía mucho que hubiera sido sincera con ella. Incluso había decidido volver a su casa un fin de semana para hablar con sus padres y compartir con ellos todo lo que había descubierto. El padre todavía se mostraba muy inflexible, pero Giulia confiaba en que esta vez las cosas acabarían cambiando.

Acompañé a Giulia durante meses, observándola y apoyándola mientras se convertía en una persona capaz de mostrarse por lo que era, con sus virtudes y sus defectos, obteniendo reconocimiento muchas veces, algunas otras no, cayendo y levantándose de nuevo siempre, decidida a resolver completamente el problema que la había llevado hasta mí.

Giulia es hoy una magnífica doctora; cuando se licenció —explica—, los padres se emocionaron y los amigos le prepararon una gran fiesta sorpresa. Ha aprendido que ser una persona capaz y segura no significa ser perfecta, pero, sobre todo, que ya no le interesa gustar a todos y a toda costa.

3. El dilema irresoluble: ¿mejor gorda o impopular?

Antonella acude a la terapia con una petición muy concreta: conseguir adelgazar por fin y dejar de darse atracones. Cuenta que ha hecho muchas dietas con éxito, aunque seguidas siempre de recaídas demoledoras. El balance de todo esto, a los 33 años, es un progresivo pero inexorable aumento de peso y la incapacidad de mantener una relación equilibrada con la amada / odiada comida. A pesar de que en este momento está intentando seguir la enésima dieta, el guion siempre es el mismo: de día consigue comer con normalidad, pero por la noche acaba perdiendo el control y atiborrándose de todos los alimentos prohibidos, sobre todo los dulces. La intervención terapéutica se centra de inmediato en la interrupción de la principal solución intentada. Mediante el diálogo estratégico, se guía a Antonella a descubrir que es precisamente el exceso de control lo que la hace perder el control y que los atracones son el efecto inevitable de la dieta restrictiva que se está imponiendo prácticamente desde siempre. Le prescribo, por tanto, la maniobra fundamental para intervenir en este tipo de problema: la «dieta paradójica».[4] Antonella responde

4 Desarrollada por Giorgio Nardone (2007), la dieta paradójica es un tipo especial de régimen basado en el placer y no en el control forzado. Por la mañana, la persona debe construir «fantasías agradables» sobre lo que desearía comer durante el día, y organizar luego las tres comidas principales comiendo única y exclusivamente lo que más le guste. Gracias a estas indicaciones, a partir de una elección

rápidamente a la indicación, empieza a adelgazar y, en unos cuantos meses, el problema parece estar resuelto.

Dos meses más tarde, Antonella se presenta a la sesión llorando: «¡Volvemos a estar como al principio!», declara. Y me explica que durante las fiestas de Navidad perdió otra vez el control sobre la comida y empezó a engordar de nuevo. Aparentemente, la situación es la típica: ¿quién no se pasa un poco durante las fiestas? Sin embargo, el escenario de Antonella es distinto. Lo más destructivo para ella es que, en las distintas comidas, cenas o refrigerios, ingirió muchísimas cosas que no solo no le apetecían, sino que ni siquiera le gustaban. Llena de curiosidad, intento comprender mejor el mecanismo, puesto que el guion descrito ya no es el de antes. Antonella cuenta que siempre le ha resultado inaceptable la idea de rechazar la comida que se le ofrece, por miedo a que las personas puedan ofenderse y la relación se deteriore. De modo que en el restaurante siempre acepta compartir los dulces con las amigas aunque no le apetezca, nunca rechaza repetir un plato si la dueña de la casa se lo ofrece, y se siente obligada a probar todo lo que se pone sobre la mesa, incluso en las cenas y bufés. Por consiguiente, durante las fiestas comió tanto que, para compensar los excesos, se puso a dieta drástica y hasta llegó a ayunar. Sin embargo, poco a poco el mecanismo de la restricción había vuelto a provocar los atracones y relanzado a Antonella al trastorno alimentario. Investigando más, descubrimos que también en el pasado el hecho de sentirse obligada a comer por miedo a ofender a los demás había sido el desencadenante de las recaídas en el trastorno alimentario. Antonella parece muy turbada por el descubrimiento de este perverso mecanismo, que hasta entonces no había reconocido.

Es evidente que nos enfrentamos a dos problemas: por un lado, el trastorno alimentario conocido como *binge eating*;[5] por el otro, el miedo a decepcionar a los demás que, como en las matrioskas rusas, solo

---

inicial de los alimentos «prohibidos», la persona descubre que, cuando se permiten, estos alimentos ya no son tan deseables y acaba autorregulando su alimentación.

5 El *binge eating*, o trastorno de alimentación incontrolada, se caracteriza por la alternancia de períodos prolongados de abstinencia o régimen hipercontrolado

aparece cuando se ha desbloqueado el primer trastorno. El miedo, además, no se presenta solo por la comida, sino que se extiende también a los otros ámbitos, y empeora porque la joven tiene una vida social intensa. El descubrimiento de las dos matrioskas es muy ilustrativo para Antonella: por fin entiende la razón de tantos años de recaídas y de gran malestar. Pero está preocupada: «Estoy muy satisfecha de mis relaciones, no quiero correr el riesgo de estropearlas. Con los hombres, de vez en cuando, me siento insegura sobre todo por esos quilitos de más; en cambio, me siento realmente aceptada y querida por mis amigos. Y esto me da una gran seguridad, me hace sentirme amada», subraya. La joven parece debatirse en un dilema irresoluble: o sigue secundando a los amigos también en la comida, con lo que acabará engordando inevitablemente cada vez más, o deja de contentarlos, con el riesgo de perder ese consenso que tanto necesita. La tranquilizo diciendo que no tengo ninguna intención de hacer que pierda las buenas relaciones que ha construido. Simplemente, haremos un pequeño experimento, una especie de «búsqueda-intervención» sobre el terreno. Todos los días deberá crear una mínima oposición con un amigo respecto de alguna cosa: por ejemplo, manifestar una opinión diferente sobre una cuestión nimia, como afirmar que una película no le ha gustado o una idea que no sabe si los otros comparten. Una vez hecho esto, deberá observar atentamente la reacción de los amigos y comprobar si lo que ha dicho ha perjudicado en algo la relación. La invito luego a recuperar la dieta paradójica que tan bien le había ido en el pasado, para mantener «abierta» la primera matrioska.

Como era previsible, Antonella descubre rápidamente que los otros no se ofenden ni la rechazan, sino que incluso parecen considerarla y estimarla más. Y, a lo largo de las siguientes sesiones, acepta investigar sobre el terreno acerca de cosas algo más importantes, como intentar decir algunos «noes» insignificantes. Así, primero

---

en la relación con la comida, y de períodos, más o menos largos, de transgresión intensa, en los que la persona se abandona completamente al placer de los atracones.

empieza con cosas mínimas y, luego, animada por los resultados positivos del experimento, se atreve a hacerlo también respecto de la comida. Las primeras negativas se expresan con la modalidad más suave: «Lo siento, de buena gana lo comería, pero no me encuentro muy bien», «lo siento, pero no digiero bien los dulces últimamente» (etc.); después consigue hacerlo con modalidades más asertivas.

Cuatro meses más tarde me explica que ambos problemas están por fin resueltos: está adelgazando de manera constante y sigue siendo muy querida por sus amigos. Uno de ellos hasta le ha dicho que esta nueva Antonella es incluso mejor que la de antes. Para agradecerme la ayuda me ha traído una caja de bombones: la abro y le ofrezco uno: «No, gracias, realmente no me apetece», responde decidida y sonriente.

4
La armonía ante todo:
cuando el conflicto da miedo

Quien pregunta con temor enseña a rechazar.

Séneca

Aunque semejante en apariencia, el miedo al conflicto se diferencia sustancialmente del miedo a la impopularidad. Si en el segundo caso las personas evitan a los opositores por miedo a perder el consenso, en el primero domina sobre todo el temor a no saber gestionar emocionalmente el conflicto en sí mismo. Puede ser miedo a dejarse arrastrar por la agresividad del otro o, al contrario, a perder el control de las propias reacciones y pasarse. A veces, es el temor a herir al otro y producir efectos negativos en la relación, hasta el punto de estropearla definitivamente.

Si analizamos la historia de quien sufre este miedo, hallamos a menudo dos situaciones opuestas: en algunos casos, se trata de personas que han vivido en contextos familiares o sociales muy conflictivos, con peleas frecuentes en la familia o con uno de los progenitores muy agresivo. Como en una especie de intoxicación, para estas personas el conflicto es tan venenoso que tienden a evitarlo al máximo, so pena de sobredosis. En el extremo opuesto, encontramos a aquellas que han vivido en contextos tan apacibles, o en los que el conflicto se consideraba inaceptable y, por lo tanto, suprimido, que nunca han aprendido a gestionarlo. La ausencia de contacto con la toxicidad del conflicto les ha impedido desarrollar los anticuerpos necesarios para afrontarlo. Ahora bien, el resultado es similar al anterior: deben evitarlo al máximo, porque de lo contrario se envenenan.

Un aspecto interesante que caracteriza el miedo al conflicto respecto de otros es que a veces este no es percibido de inmediato por parte de quien lo experimenta, sino que permanece oculto bajo declaraciones valorativas o ideológicas. En estos casos, el guion se estructura de forma gradual. Así, en una primera fase, la persona percibe claramente que es la presión del miedo lo que la induce a evitar el conflicto a toda costa. Para no hacerle frente, se ve «obligada» a desarrollar notables habilidades comunicativas y relacionales que, poco a poco, debido a su reiteración en el tiempo, se convierten en espontáneas. En esta segunda fase, las modalidades «blandas» frente al riesgo de conflicto se disparan automáticamente, en la mayoría de los casos sin que quien las vive perciba en el fondo el miedo originario. Y puede suceder que, como punto de llegada de este sofisticado proceso de autoengaño, la persona acabe convenciéndose de que la evitación del conflicto es una elección, dictada por valores personales, y no el fruto de la incapacidad de gestionar el miedo originario (Milanese y Mordazzi, 2007). «Siempre hay que mediar», «los colaboradores han de hacer las cosas porque están convencidos, no porque se lo pida el jefe», «el conflicto siempre es un error» son algunos de los motivos alegados con más frecuencia por estas personas para mantener el guion de «blandos a toda costa», incluso cuando la situación requeriría ser más duro.

No debe sorprendernos, pues, que el miedo al conflicto aparezca frecuentemente en personas triunfadoras, empresarios o directivos, que han convertido esta limitación en un recurso. Dotadas de grandes habilidades comunicativas y excelentes mediadoras, agradan y prosperan gracias también a esta característica claramente deseable. Pero la paradoja perversa es que, cuanto más contribuye a su éxito el hecho de ser «blandos», tanto más, antes o después, les pondrá la vida frente a la necesidad de endurecerse (Nardone, 2014a). Como la carroza de Cenicienta, que a medianoche vuelve a ser una calabaza, el recurso vuelve a ser una limitación y nuestro directivo acaba necesitando ayuda. Por estas razones, el miedo al conflicto es uno de los que aparecen con más frecuencia en las peticiones de intervención de *coaching*. Las soluciones intentadas usuales de quien sufre este miedo son:

a) *Evitar cualquier riesgo de conflicto y al opositor en general:* cuando el miedo es intenso, se traduce en la tendencia a complacer las peticiones de los demás y en la incapacidad de decir «no», creando así un guion semejante al de la prostitución relacional. En algunos casos, la evitación lleva a la persona a someterse tanto que llega un momento en que se satura y explota, situándose así en el bando equivocado. Este mecanismo perverso acaba confirmándole su incapacidad para gestionar los conflictos e incrementando aún más la tendencia a evitarlos.

b) *Pedir, pero siempre de una manera suave:* la persona tiene dificultades para adoptar posturas duras y es incapaz de crear cualquier tipo de simetría relacional. Frente a los «noes» de los otros, se repliega y se las ingenia para encontrar formas alternativas de alcanzar sus objetivos.

c) *Crear relaciones igualitarias:* la persona no es capaz de hacer valer su posición jerárquica en el trabajo y tiende a estructurar relaciones paritarias de tipo amistoso.

Desde el punto de vista de la tipología de intervención, hemos distinguido dos casuísticas. La primera es propia de quienes, teniendo que enfrentarse a un opositor o a un conflicto, saben qué decir y cómo decirlo, pero no lo hacen porque el miedo los bloquea. En estos casos, por lo general es suficiente con ayudar a la persona a superar el miedo para que el problema se resuelva.

La segunda casuística, en cambio, es propia de las personas que en realidad nunca han desarrollado habilidades comunicativas que les permitan gestionar las situaciones conflictivas. Son quienes piensan que pedir algo con firmeza equivale a hacerlo de una forma aparentemente maleducada e incluso agresiva. Como carecen de estrategias comunicativas eficaces para endurecerse, su miedo en el fondo es real. Con estas personas no solo habrá que trabajar el miedo, sino también ayudarlas a desarrollar las habilidades comunicativas de las que carecen.

1. Curar la alergia al conflicto

Benedetta ha participado con entusiasmo en el Curso de dirección de Comunicación estratégica, *Coaching, Problem Solving* y Ciencia de la *Performance;* al acabarlo, se decide a pedir ayuda para un problema que la tortura desde hace un tiempo. Con los conocimientos recién adquiridos en el aula, llega al primer encuentro bien preparada para describir con precisión su situación. Cuenta que se crio en el seno de una familia muy conflictiva, con un padre colérico, que explotaba y gritaba a la mínima oposición, y una madre que hacía todo lo posible por mantener un mínimo de armonía en la familia. Así que, desde pequeña, había adquirido la habilidad de evitar cualquier tipo de discusión y conflicto, y había «exportado» esta habilidad también fuera de la familia. Se trata de alguien amable, con una vida afectiva y relacional satisfactoria, que desde hacía unos años vivía una situación laboral difícil. Tras años de trabajo en un pequeño negocio familiar, donde todos colaboraban en perfecta armonía, había aceptado un puesto en el departamento de ventas de una gran empresa de cosméticos. El trabajo le encantaba, pero las relaciones con las dos compañeras con las que compartía el despacho eran muy difíciles. Las describe como dos harpías: mordaces y arrogantes, ellas son las que deciden quién hace una cosa y cuándo, sobre todo con respecto a ella, ya que ha llegado la última y es diez años más joven. Le encargan los trabajos más engorrosos y las relaciones con los clientes más difíciles, y luego siempre critican lo que hace. La sensación es que, haga lo que haga, siempre está mal. Benedetta está desesperada por esta situación; desde hace un tiempo está muy nerviosa, duerme mal y llega a casa por la tarde irritada y desanimada.

Le pregunto qué ha intentado hacer hasta ahora para resolver el problema. Responde que al principio le había parecido correcto dejarse guiar por las dos compañeras más expertas: había mucho que aprender y no le parecía ni siquiera oportuno tomar demasiadas iniciativas. Pero cuando adquirió más práctica y vio que las cosas no cambiaban, intentó alguna tímida protesta, a la que renunciaba en cuanto las otras mostraban los primeros signos de irritación. En realidad, su solución intentada usual consistía en aceptar todo lo que las otras decían sin atreverse a oponer ninguna objeción o reparo. «Sí, ya sé que temo el conflicto», me dice algo cohibida, «lo comprendí claramente cuando en clase tratamos el tema. Y también sé que es debido a mi padre. Sin embargo, aunque tengo las cosas muy claras, no consigo actuar de otra manera: la simple idea de levantar un poco la voz y tener que discutir con esas harpías me paraliza». La situación de Benedetta es propia de la persona que, aun teniendo claro lo que debería hacer desde un punto de vista racional, no consigue hacerlo porque está bloqueada por el miedo. Precisa, además, que esta situación ha estallado en el trabajo, porque es allí donde se le presenta el conflicto, pero la dificultad afecta asimismo al resto de su vida. «Si he entendido bien, Benedetta, desde niña has estado tan intoxicada por el conflicto que es como si hubieses desarrollado una alergia terrible: el más pequeño signo de enfrentamiento puede provocarte una crisis terrible, y por eso intentas evitarlo a toda costa». «Es exactamente así», responde, «frente a la agresividad de otra persona es como si se me cerrara la garganta, me pongo muy colorada, el corazón parece que me va a explotar y me quedo paralizada». «Bien, diría que nos encontramos ante una importante alergia que hay que curar. ¿Y tú sabes cómo se curan las alergias, como, por ejemplo, a la piel de algunos animales o a las gramíneas?». Reflexiona un momento y contesta: «Creo que con una vacuna que contiene un poco de la sustancia a la que uno es alérgico». Asiento y continúo: «Bien, pues en las próximas semanas tendremos que iniciar tu vacunación, empezando, obviamente, con dosis muy pequeñas, porque de lo contrario podría provocarte un *shock* anafiláctico. Y como lo que te provoca la alergia es precisamente el conflicto, deberás vacunarte todos los días exponiéndote a un mínimo riesgo de conflicto. Ahora bien, ha de ser realmente pequeño y un solo riesgo; aún no estás preparada para afrontar un conflicto auténtico».

La idea de la vacuna le hace gracia a Benedetta, aunque está un poco preocupada por cómo llevarlo a la práctica. Acude a la segunda sesión con un cuaderno en el que tiene anotadas todas sus «vacunaciones». Empezó con las más sencillas, en las relaciones no laborales: le dijo a una amiga que prefería ir a cenar a un restaurante distinto del que frecuentaban habitualmente, a otra le dijo que no le apetecía salir el sábado por la noche, e incluso avisó a una señora de que se había colado en la caja del supermercado. En ningún caso la otra persona se había enfadado, ni siquiera la mujer del supermercado, que, por el contrario, se había deshecho en mil excusas afirmando que no la había visto. Animada por estos resultados, empezó a correr pequeños riesgos también con sus compañeras de trabajo. Por primera vez, ante una crítica por cómo había realizado un trabajo, en vez de callarse, había explicado serenamente sus razones, descubriendo que la otra no solo no la atacaba, sino que coincidía con ella en que efectivamente las cosas también se podían hacer de aquella manera. En otra ocasión, se negó a contactar con un cliente difícil, afirmando que seguramente era más eficaz que lo hiciese una de sus compañeras más experta, dado que lo conocían desde hacía tiempo. También en este caso, la firmeza con la que había comunicado su postura había inducido a las otras a ceder. Y cada día había conseguido adoptar una posición un poco más dura, aunque sin caer en el temido conflicto. Benedetta parece muy sorprendida de lo que ha descubierto: no solo las dos harpías no arremetieron contra ella cuando empezó a adoptar posturas más duras, sino que parece que hasta son más amables, casi sumisas. «Estoy contenta, pero no entiendo qué ha sucedido», me dice sonriente. «Mira, Benedetta, las dinámicas relacionales entre los seres humanos no son tan distintas de las del mundo animal. Piensa en los perros: frente a uno agresivo, el que demuestra miedo siempre es el que tiene más probabilidades de ser agredido, porque el otro percibe su debilidad. Hasta ahora, habías mostrado tanto temor que, de una forma totalmente «instintiva», tus colegas se habían sentido con derecho a mostrarse antipáticas e incluso agresivas. En cuanto empezaste a mostrarte más firme, tuvieron que cambiar de actitud. En otras palabras, si aprendes a manejar pequeños conflictos, estás protegida de los grandes; si tratas de evitar los pequeños conflictos, caerás en otros mayores».

Gracias a las «vacunaciones», Benedetta ha descubierto no solo «el truco» para no tener conflictos, sino también que posee notables habilidades comunicativas, que le permiten adoptar posturas firmes sin ser nunca agresiva o incorrecta. En las semanas siguientes, se torna cada vez más hábil en la gestión de la relación con las colegas, enfrentándose incluso a pequeñas oposiciones que nunca han desembocado en auténticos conflictos. Dos meses más tarde, me cuenta que estas casi se han vuelto simpáticas: una incluso se ha confiado a ella explicándole problemas familiares muy graves, que le han hecho comprender mejor el motivo de algunas posturas y malhumores. «Ha funcionado mucho mejor que la vacuna para el pelo de gato», me dice bromeando en la última sesión.

2. El empresario asustado

Fabrizio, de 36 años, es un empresario de tercera generación. Hace un par de años, el padre se jubiló y le entregó las riendas de la empresa en la que trabaja desde que tenía 22, compaginándolo con los estudios universitarios. Es un negocio pequeño, pero próspero, que siempre ha sido su pasión, me dice, y toda su vida ha esperado poder dirigirlo con éxito, como hicieron antes que él su abuelo y su padre. Pero desde que es el director, Fabrizio se está encontrando con dificultades inesperadas: un par de colaboradores le están creando problemas. El primero, de su misma edad, parece desmotivado: trabaja poco y con escaso entusiasmo, no cumple los plazos y apenas se implica en la relación con los clientes. El segundo, uno de los más responsables cuando su padre estaba en la dirección, se muestra siempre irritado y huraño, sobre todo frente a las innovaciones que Fabrizio pretende introducir. «Lo que tiene que hacer lo hace», especifica, «pero crea un clima tan enrarecido que se puede cortar con un cuchillo». Y pensar que prácticamente había crecido junto a estas personas: en el pasado las relaciones siempre habían sido muy cordiales, incluso amistosas con el primero. Fabrizio sostiene que «lo ha probado todo». Lo primero fue preguntarles a ambos si ocurría algo, y la respuesta consistió en una serie de quejas sobre la gestión de la empresa y de los clientes. De modo que se encontró con que, paradójicamente, era él quien tenía que justificarse, y salió de la reunión más frustrado aún que antes. El segundo intento fue pedir amablemente al primero si podía ser un poco más puntual con los plazos, ya que algunos clientes se habían quejado. También en este caso la conversación resultó ser un bumerán: su interlocutor le respondió con malos modos que tenía mucho trabajo y le resultaba imposible hacerlo todo con puntualidad, y que, si se trataba de una urgencia, era mejor que se ocupase directamente Fabrizio, ya que seguro que tenía más tiempo libre. El tono era más el de un amigo ofendido que el de un colaborador. Fabrizio, con el rabo entre las piernas, acabó ocupándose de los compromisos más importantes, «total, no hay manera de lograr que lo haga él», precisa. Respecto del malhumor del segundo, también había tirado la toalla; al fin y al cabo, «no se puede cambiar el carácter de las personas».

Parece evidente que la frase «lo he probado todo» de Fabrizio se refiere a «todo» menos a adoptar posturas duras. Le pregunto si ha pensado en adoptar una actitud más firme. Me mira sorprendido y responde: «Eso significaría pelear, y además no me parece correcto imponer a los otros las cosas que han de hacer; tienen que hacerlas por su propio convencimiento. El buen líder ha de saber motivar y convencer a sus colaboradores, porque de lo contrario volvemos a los viejos modelos autoritarios de liderazgo». Fabrizio parece mantener una postura ideológica muy firme, que sé muy bien que no he de contradecir, a riesgo de romper la relación y perder su confianza.

4. La armonía ante todo: cuando el conflicto da miedo

«Tiene razón, el líder ideal es el autorizado, capaz de conseguir que lo obedezcan por admiración y no por temor», contesto sintonizando con su punto de vista. «Permítame, no obstante, que le haga una pregunta: si estuviese en una situación en la que considerara indispensable mostrarse más duro, aun a riesgo de iniciar un conflicto, ¿sería capaz de hacerlo, o no?». El empresario enmudece, el tiempo parece expandirse, se desploma en el asiento y responde: «Creo que no, no sé gestionar los conflictos». Acabamos de descubrir juntos que la base de la aparente elección de valores es el miedo de Fabrizio a crear un conflicto que no sabrá gestionar y que provocará una ruptura de las relaciones. Ante este descubrimiento, le pido que imagine qué haría si el miedo al conflicto estuviese ya resuelto. Fabrizio afirma que se dirigiría al primer colaborador y le diría de forma extremadamente directa y dura que si no hace bien su trabajo será despedido; al segundo le diría que está harto de su mal humor, que el clima es irrespirable y que ha de resolver sus problemas personales. Estudiando detalladamente el «escenario más allá del problema»[1] de Fabrizio, descubro que carece de habilidades comunicativas. Para él solo existe aguantar o agredir, lo muy blando o lo muy duro. Desde este punto de vista, su miedo a romper las relaciones es totalmente real; si queremos «salvar la cabra y la col», como en el famoso acertijo, debemos ayudarlo a desarrollar habilidades comunicativas algo más sofisticadas.

Le propongo, por tanto, un pequeño experimento para comprender mejor cómo intervenir en el caso del primero de los dos colaboradores, es decir, aquel cuyas reacciones menos teme: si se encuentra de nuevo frente a una de esas situaciones en las que habitualmente cede, deberá intentar utilizar una comunicación diferente, «dura por dentro, blanda por fuera». En otras palabras, deberá pedir

[1] El «escenario más allá del problema» es una técnica de *problem solving* estratégico desarrollada por Giorgio Nardone y basada en la lógica de la creencia. Su objetivo es desplazar la atención de la persona del presente problemático a un futuro sin el problema. Para más información, véanse Nardone, 1998, 2009; Nardone, Milanese, Mariotti y Fiorenza, 2000.

al otro con firmeza que haga algo de importancia menor, pero con una modalidad comunicativa muy suave. Por ejemplo, ante una tarea que el otro se estaba negando a realizar, se le podría decir: «Sé que estás sobrecargado de trabajo, pero por desgracia esto es prioritario y necesito que lo hagas urgentemente». Y si el otro respondiera: «Hazlo tú, que tienes más tiempo libre», debería contestar: «Lo siento mucho, pero no puedo, es realmente indispensable que lo hagas tú», imponiéndole además un plazo muy concreto. Al vencer este plazo, tendría que comprobar si el trabajo se hizo. «Veamos cuál será el resultado del experimento», le digo. El hecho de proponer la acción como experimento y no como una auténtica intervención debería servir para aliviar a Fabrizio de la expectativa de producir un resultado positivo, cosa que muy probablemente habría aumentado su temor a no gestionar el conflicto y habría hecho poco creíble su comunicación.[2] Y, en efecto, Fabrizio acude contento a la siguiente sesión, pues se había producido exactamente la situación que habíamos supuesto: el otro se había negado a hacer una cosa y él había sido capaz de adoptar una postura firme, «repeliendo» suavemente cualquier intento del otro de contraatacar. En el plazo fijado, Fabrizio había comprobado (cosa que antes no hacía) si el trabajo había sido realizado y había descubierto que aún no estaba acabado. Por iniciativa propia, había insistido con firmeza en que, aun siendo consciente de las dificultades del otro, debía estar acabado al anochecer. «Lo siento, no podemos retrasarnos». Con gran sorpresa por su parte, el colaborador había alargado su jornada laboral y había completado el trabajo exigido. A partir de aquel momento, se había mostrado más dócil y colaborador.

Feliz de haber descubierto la utilidad del «duro por dentro, blando por fuera», me pregunta si se puede desarrollar la misma estrategia también con el otro colaborador, el de más edad. Estudiamos juntos la situación: como había trabajado en la empresa con el padre de Fabrizio, era muy probable que este hombre sufriera por

---

2 La estratagema utilizada es «surcar el mar sin que el cielo lo sepa» (Nardone, 2003b).

estar dirigido por un muchacho veinte años más joven que él, al que prácticamente había visto crecer y que, además, pretendía cambiar algunos procesos laborales que siempre se habían hecho de una determinada manera. Para verificar nuestra hipótesis, le propongo a Fabrizio otro experimento: deberá fijar una reunión con el colaborador y, mostrándose muy cohibido, tendrá que declararle que, si bien hasta entonces había intentado hacerlo todo él solo, ahora se daba cuenta de que necesitaba su ayuda para sacar adelante la empresa de la mejor manera posible. Por tanto, apelando a la gran experiencia empresarial del otro, debería pedirle si podía acudir a él en caso de necesidad o duda, puesto que ahora el padre ya no dirigía el negocio. A partir de ese momento, tendría que dirigirse a él todos los días para pedirle una opinión o un consejo sobre algo, a fin de hacer que se sintiera valorado.[3]

Vuelvo a ver a Fabrizio al cabo de un mes. Me cuenta, satisfecho, que la relación con el colaborador de más edad ha cambiado radicalmente: desde que le pidió ayuda, el otro se mostró de inmediato muy disponible y el ambiente ahora era mucho más tranquilo. Y no solo eso, sino que le había dado consejos muy útiles, que le habían hecho comprender que las innovaciones había que implementarlas de una manera muy gradual y, sobre todo, adaptarlas a la realidad de la empresa. El otro colaborador seguía cumpliendo con su trabajo, de vez en cuando todavía intentaba retrasar los informes laborales de forma amistosa, pero Fabrizio mantenía el rumbo de «duro por dentro, blando por fuera».

Seguimos trabajando con Fabrizio ayudándolo a desarrollar y a refinar cada vez más sus habilidades comunicativas; actualmente dirige su empresa de manera muy satisfactoria, con gran capacidad y autoridad.

3 Para un tratamiento de esta técnica en profundidad, véanse Milanese y Mordazzi, 2007; Nardone, 2009.

3. «¡Soy un hombre sin pelotas!»

«Estoy aquí porque me ha enviado mi mujer» es la frase inicial de Lorenzo, un hombre de unos 50 años, propietario de una pequeña ferretería donde trabaja con Gemma, su mujer. Llevan casados toda una vida, pero desde hace unos años están atravesando una profunda crisis de pareja. Lorenzo explica que ella se queja continuamente de que él está ausente y no le dedica suficiente atención. Y él parece estar perfectamente de acuerdo con ella: «Tiene razón», me dice, «siempre estoy en mi mundo y cuando me habla no consigo entender lo que quiere. Además, soy un desastre, tiene razón en enfadarse». Llena de curiosidad, le pido que me ponga un ejemplo. «Por ejemplo, nuestro aniversario», explica. «Como Gemma se queja de que nunca salimos a cenar, reservé mesa en un restaurante muy agradable en el que habíamos estado el verano pasado y que le había gustado mucho. Para darle una sorpresa, no le dije adónde iríamos. Pero la velada fue un desastre. Llovía, y Gemma se estuvo quejando todo el tiempo de que si había un día malo para salir a cenar era justamente aquel. Luego se enfadó porque no le había dicho adónde íbamos y no había podido ponerse el calzado adecuado. En efecto, el restaurante estaba en el campo y había un poco de barro en el aparcamiento. Además, el local no estaba bien caldeado, y la pobrecita sufre de las cervicales. En resumen, como de costumbre lo hice todo mal». Y, a continuación, otros ejemplos en los que la constante es siempre la misma: Lorenzo trata de adivinar lo que le gustaría a su mujer, también en la gestión de la tienda, y esta siempre lo critica porque las cosas no se han hecho como ella habría querido. Si, por el contrario, es él quien pide alguna cosa, ella se enfada muchísimo diciendo que ya hace demasiado. Gemma vierte sobre el marido todas sus frustraciones de una vida de pareja que ya no funciona, le reprocha continuamente haberse enamorado de otra mujer unos diez años atrás y que nunca la haya hecho sentirse amada y deseada como ella habría querido. Lorenzo enmudece y se refugia en un mundo de fantasía, donde sueña que vive otra vida, en otra ciudad, con otro trabajo y otra compañera, y esto hace que se culpabilice todavía más por no atender las demandas de atención de su mujer. «Me dice continuamente que soy un hombre sin pelotas y tiene razón», susurra con tristeza, «¿puede ayudarme a conseguirlas?». También me pregunta si puede traer a su mujer un día a la consulta para que me explique cuáles son sus carencias, puesto que teme no ser capaz de explicármelas él.

Desde el primer momento resulta evidente que Lorenzo se halla atrapado en un doble vínculo paradójico: si sigue comportándose como hasta ahora, será calificado de «sin pelotas», pero si cediera a todas las exigencias de su mujer, como él cree que tiene que hacer, acabaría demostrando definitivamente que no tiene ningún atributo, puesto que esto significaría dejarse dominar completamente por ella.

Para que reconozca este aspecto paradójico de su situación, le pregunto: «En su opinión, ¿un "hombre con pelotas" es el que acepta hacer todo lo que la mujer le dice o el que decide personalmente lo que hay que hacer?». Lorenzo me mira sorprendido y permanece en silencio durante largos, interminables, segundos. Soy consciente de haber abierto brecha en su percepción. «Si tuviese pelotas, podría enfrentarme de vez en cuando a mi mujer, porque en ocasiones creo que sus exigencias son realmente irracionales, pero si no le doy la razón se enfada y acabamos peleando», declara. «Si le he entendido bien, corríjame si me equivoco, hay veces en que usted consideraría conveniente no dar la razón a su mujer y, sin embargo, no lo hace por miedo a crear un conflicto», parafraseo, redefiniendo la naturaleza del problema que hay que resolver.[4] Lorenzo asiente y explica que para él los conflictos siempre han sido destructivos. Criado con una madre quizá demasiado atenta a las exigencias de los otros, para él

---

4 La paráfrasis reestructurante, componente fundamental del diálogo estratégico, tiene un triple objetivo: comprobar si estamos en el camino correcto, hacer que la persona sienta que la estamos escuchando con atención y desencadenar un proceso de autopersuasión sutil mediante muchos pequeños acuerdos progresivos. La paráfrasis es «reestructurante» porque permite al terapeuta decidir en qué aspectos hay que poner más énfasis para promover el proceso de cambio (Nardone y Salvini, 2004; Nardone, 2005, 2020; Nardone y Milanese, 2018).

vivir en paz y armonía con los demás es una exigencia fundamental. Cuando se encuentra ante personas que le parecen agresivas o prepotentes, tiende a aguantar en silencio, aunque siente crecer en su interior una gran rabia que teme que explote en cualquier momento. Y, efectivamente, ante la enésima crítica de su mujer alguna vez había explotado hasta el punto de perder el control y sentirse luego culpable. Estos episodios habían acabado confirmándole su incapacidad para gestionar los conflictos, alimentando aún más su tendencia a evitarlos. También en el trabajo se dejaba pisotear a menudo por los proveedores, aceptando condiciones contractuales claramente desfavorables, y luego era machacado verbalmente por su mujer. La única vía de escape consistía en encerrarse en su mundo de fantasía, a veces durante horas, pero con ello solo conseguía ser menos capaz aún de gestionar la realidad y crear esa espiral perversa que derivaba siempre en la enésima acusación: «Eres un hombre sin pelotas». Lorenzo es consciente de hasta qué punto la huida a su mundo de fantasía representa un mecanismo que empeora las cosas, pero dice que no se ve capaz de prescindir de ello porque es el único momento de placer en una vida que no lo satisface en absoluto.

Tras haber examinado la situación, coincidimos en que los primeros pasos que hay que dar serán dos. En primer lugar, deberá ser capaz de encauzar la intromisión de sus «películas mentales». Todos los días deberá buscar un espacio de media hora exacta, la que más le convenga, y dedicarla a montarse películas de una vida alternativa, imaginándose en las situaciones más deseables y disfrutando a fondo con ello. Si la fantasía llegara fuera de estos espacios, deberá remitirla a esa media hora. La segunda indicación afecta a su evitación de los conflictos. Le explico a Lorenzo que el mecanismo que me ha descrito se parece al de una olla a presión con la válvula obstruida: si aumenta el fuego, antes o después acabará explotando. Si quiere impedir que esto suceda, a partir de ahora deberá permitirse un «ligero bufido» de vez en cuando. En otras palabras, si desea evitar explotar por acumulación de frustración y rabia hacia su mujer, deberá empezar a manifestarle cierta irritación o pequeñas negativas cuando ella se

4. La armonía ante todo: cuando el conflicto da miedo

muestre irracional o prepotente. «Veamos si esto se transforma realmente en un conflicto tal como teme», añado.

Lorenzo acude satisfecho a la segunda sesión: ha conseguido decirle muchas cosas a su mujer, sobre todo relacionadas con el trabajo, y su reacción no ha sido negativa. Es más, la sensación es de que las críticas de Gemma han disminuido y su capacidad de gestionar las relaciones laborales ha mejorado. También ha conseguido limitar sus «películas» a la media hora establecida, descubriendo una recuperada lucidez diaria, que ha utilizado en una mayor atención al trabajo y a su mujer. Los últimos días, las películas han durado menos y ha empezado a vivirlas con menos placer.[5] «Tal vez esté consiguiendo algo de "pelotas"», me dice sonriendo.

Sin embargo, hay algo que sigue atormentándolo y que no es capaz de gestionar: cuando la mujer le echaba en cara el engaño de diez años atrás. Según cuenta, se habían casado muy jóvenes y los primeros años del matrimonio habían sido muy buenos y alegres: habían adquirido el negocio del padre de Gemma y habían comprado una bonita casa. Desgraciadamente, aunque no existían patologías evidentes, no habían tenido hijos y Gemma había padecido una fuerte depresión al llegar a la menopausia. En aquella época, Lorenzo tuvo un breve coqueteo con una antigua compañera de instituto, que cortó de inmediato cuando Gemma descubrió algún mensaje en su teléfono. A partir de entonces, su mujer empezó a reprocharle su traición casi a diario. Por lo que relata, parece evidente que Lorenzo había sido capaz de enfrentarse a Gemma en lo que consideraba irracional o en lo que no estaba de acuerdo, pero tenía sentimientos de culpabilidad tan fuertes que aceptaba en silencio todos sus ataques y sus recriminaciones sobre el pasado. «Mi mujer tiene razón, soy

---

5 La lógica de esta maniobra es la de la ya citada paradoja «sé espontáneo», por la que un placer prescrito como deber que hay que cumplir en un plazo determinado de tiempo pierde inevitablemente su carácter agradable y se acaba convirtiendo en una auténtica tortura. Para un tratamiento más a fondo de cómo transformar el placer en tortura, véanse Nardone y Cagnoni, 2002; Milanese y Mordazzi, 2007; Nardone, Balbi y Boggiani, 2020.

culpable, la engañé justo cuando más me necesitaba y he de pagar el precio de mi culpa», precisa. «Estoy de acuerdo con usted: una culpa, para ser expiada, exige una pena, un castigo, que obviamente ha de ser proporcional a la magnitud de la culpa. Es evidente, por ejemplo, que una persona que roba una manzana no ha de recibir el mismo castigo que aquella que ha cometido un homicidio. Ahora le pregunto: ¿es tan grave su culpa como para merecer cadena perpetua?». «No, cadena perpetua creo que no», responde afectado. «Bien, falta decidir cuánto tiempo ha de durar su castigo porque, una vez cumplido, habrá que evitar insistir en la culpa. Han pasado ya diez años de expiación, durante los cuales usted ha aceptado pasivamente todas las recriminaciones o las acusaciones de su mujer. ¿Cree que son suficientes o añadimos algunos más?». Piensa en ello durante un momento y contesta que no, que son claramente suficientes. Redefinir la importancia de conceder un tiempo a la expiación de la culpa constituía un paso fundamental para ayudar a Lorenzo a gestionar de manera diferente las recriminaciones de su mujer. Para motivarlo más, le hago observar también otro efecto negativo de su aceptación pasiva, es decir, el hecho de que, cada vez que permite a Gemma remover el pasado, es como si la dejara seguir hurgando en la herida y hacerla sangrar, impidiendo así su cicatrización. Por consiguiente, ha llegado la hora de ayudar a su mujer, a sí mismo y a la pareja, a superar definitivamente el pasado. Para lograrlo, debería comunicar con firmeza a Gemma que, a partir de ese momento, se negaría a volver a hablar del engaño, porque eso los perjudicaba enormemente como pareja. Si la mujer consideraba que su culpa era imperdonable —esto es, de «pena de muerte»—, obviamente era muy libre de dejarlo; en caso contrario, había llegado la hora de dejar el pasado en el pasado. Lorenzo abandona la consulta decidido a aplicar lo que hemos acordado. En la siguiente sesión explica que, al principio, le había costado mucho gestionar la reacción de Gemma a sus palabras, pues ella le vomitó toda su rabia y todo su dolor y él tuvo la tentación de volver a excusarse para luego huir a su mundo de sueños. Sin embargo, se mantuvo firme y, cada vez que su mujer intentaba volver sobre el tema, había respetado la postura declarada: «del pasado no hablo». Últimamente, Gemma había dejado de intentarlo, parecía más tranquila e incluso había suavizado las formas y los tonos. Lorenzo, que prácticamente había eliminado de su vida diaria las películas mentales, pudo concederle más atención e incluso habían mantenido relaciones sexuales por primera vez en años. «Me he dado cuenta de que he vivido como castrado durante mucho tiempo», declara Lorenzo, «y de que mis intentos de convertirme en el hombre que deseaba mi mujer eran precisamente lo que me impedía serlo. Ahora sí tengo claro lo que he de hacer».

Acompañé a Lorenzo unos meses más, para ayudarlo a consolidar mejor su capacidad de gestionar los conflictos y de mejorar más aún su relación de pareja. A la última visita acudió junto a una Gemma sonriente, con la herida ya cicatrizada, y una buena parte de la vida por delante para compartir.

Nadie me quiere: el miedo al rechazo

Nadie puede hacerte más daño del que tú te haces a ti mismo.

Mahatma Gandhi

El miedo al rechazo está adquiriendo hoy en día las características de una auténtica epidemia, sobre todo entre los más jóvenes. Mientras en el pasado hablábamos de «fobia escolar», malestar que hacía que los niños se negaran a ir a la escuela en particular por miedo a los exámenes, hoy vemos cada vez más que estos se quedan en casa porque se sienten rechazados por los compañeros. A menudo se trata de niños que padecen una profunda inseguridad y que nunca han aprendido a relacionarse con sus iguales. No estamos hablando de acoso escolar, sino de situaciones en las que el propio niño se autoexcluye del grupo como solución intentada porque se siente no aceptado o inadecuado. Mecanismo que, una vez puesto en marcha, hace que, en efecto, al niño se le acabe prestando poca atención o se lo ignore. En estos casos, además de abordar terapéuticamente el miedo al rechazo, se necesita asimismo una intervención de tipo pedagógico que ayude al niño a desarrollar todas las habilidades sociales no adquiridas aún para relacionarse eficazmente con sus compañeros.

El miedo al rechazo obviamente no es solo una característica de los más jóvenes, sino que lo encontramos en todos los niveles y en todas las edades: puede ser el temor a ser rechazados si nos exponemos en el plano sentimental, pero también a ser excluidos por los compañeros en las pausas para tomar un café, rechazados por ser poco atractivos físicamente o por ser poco interesantes a nivel intelectual. También en este caso el sentimiento es muy variable, y puede referirse a cualquier tipo de inseguridad personal («no soy suficientemente guapo, inteligente, interesante, simpático, culto…»). Las soluciones intentadas habitualmente por parte de quien padece este miedo son tres:

a) *Evitar las exposiciones:* de una forma general (evito exponerme a cualquier tipo de contacto social en el que pueda sentirme rechazado) o parcial (por ejemplo, soy capaz de trabar amistad con todos, pero evito parecer seductor ante una persona que me gusta).

b) *Esforzarse:* esta solución intentada es propia de quien, aun temiendo el rechazo, no lo considera inevitable y, por tanto, intenta luchar para evitarlo, aunque lo único que consigue es confirmar su inadecuación. De hecho, esforzarse por parecer simpático o a gusto cuando se está pasando un momento de incomodidad, al igual que esforzarse por decir la palabra justa o por ser brillante, acaba, paradójicamente, por inhibir aún más las habilidades relacionales de quien se esfuerza y a menudo provoca una auténtica «parálisis» de los recursos.

c) *Defenderse anticipadamente:* es la solución intentada propia de quien está tan seguro de ser rechazado que se defiende antes de que se produzca el rechazo del otro. La defensa anticipada es un mecanismo especialmente engañoso, porque provoca una «profecía que se autocumple» y hace que el escenario temido se haga realidad. Es el caso, por ejemplo, de la muchacha insegura de su aspecto físico que se defiende exhibiendo ante el chico que le gusta todas sus cualidades intelectuales, y acaba resultando poco agradable y, por tanto, rechazada. En los casos más extremos, esta solución intentada adopta la forma de «rechazar para no ser rechazados», como en el caso de los niños que se autoexcluyen y acaban siendo efectivamente marginados en la clase, o del que se apunta a un curso para conocer a otras personas, pero se mantiene siempre apartado y, por tanto, es ignorado.

1. Desbloquear el ciempiés

Edoardo tiene 15 años y estudia bachillerato artístico; ha perdido un año porque se matriculó en otra escuela donde se encontraba tan mal que abandonó a mitad de curso. Aunque este nuevo centro le gusta muchísimo, tampoco asiste a clase con regularidad. «Realmente, me cuesta mucho ir a clase», me explica. Analizamos juntos la situación para tratar de ver cuál es el problema. Edoardo no solo se siente inseguro de su aspecto físico, sino que también es «patológicamente tímido» y, por tanto, carente de atractivo para sus compañeros. Tras haber cursado la escuela elemental sin haber hecho demasiadas amistades, en la secundaria se encontró con una clase problemática, con un par de acosadores que, aunque no iban contra él, enrarecían mucho el ambiente de la clase. La situación empeoró el primer año de bachillerato, cuando Edoardo admitió que era homosexual. «Si ya los chicos me rechazaban antes», me dice con lágrimas en los ojos, «imagínese ahora». Sus relaciones se limitan a una vecina de su casa, que a veces lo invita a salir con sus amigas, y a alguna fiesta, a la que raramente acude.

Su principal solución intentada con los compañeros es evitar exponerse, esperando que sean los demás los que tomen la iniciativa, «cosa que no ocurre prácticamente nunca», subraya. Le respondo en broma: «Desde luego, si en el mundo todos pensaran como tú y esperaran a que fueran a buscarlos, ¡tendríamos un problema!». Y luego, ya más en serio, le pregunto: «¿Tú crees que los otros saben que tú estás esperando que den un paso, o quizá piensan que tú no tienes ningún interés en relacionarte con ellos?». Me mira pensativo, esta posibilidad no se le había ocurrido. «¿Y si fuesen los otros los que se sintieran rechazados por ti?», añado. El muchacho está cada vez más pensativo, pero es evidente que se trata de un aspecto importante.

«No sé actuar de otra manera», afirma desesperado, y cuenta que alguna vez había intentado acercarse a algún compañero de clase para charlar un rato, pero había fracasado estrepitosamente. Cuanto más se esforzaba por hablar de alguna cosa interesante (de fútbol, por ejemplo, que sabía que era un tema de interés para la mayoría de sus compañeros), más se bloqueaba («la mente paralizada», dice). «No entiendo por qué cuando estoy allí no solo no consigo decir ni una palabra, sino que me invade una angustia terrible. Y, sin embargo, ¡hago enormes esfuerzos!», declara desanimado.

Edoardo está atrapado en un mecanismo paradójico: cuanto más se esfuerza por ser brillante e interesante, más se paraliza y siente que lo invade una profunda sensación de vergüenza e inadecuación. Por consiguiente, vuelve a la evitación, aun sabiendo que esto no resolverá el problema. «Si lo he entendido bien», le digo, «eres un magnífico ejemplar de ciempiés». Me mira desconcertado. «¿Qué?». «¿No conoces la historia del ciempiés?», respondo sonriendo. Y empiezo a explicársela: «Había una vez un ciempiés que caminaba tranquilamente, subiendo y bajando de las plantas con agilidad y armonía, hasta que se encontró con una hormiguita que se dirigió hacia él y le dijo: "Disculpa, pero quiero preguntarte una cosa importante. Hace días que te veo caminar tranquilamente y no puedo evitar preguntarme ¿cómo te las arreglas para coordinar tus cien pies? Yo solo tengo seis y de vez en cuando tropiezo". El ciempiés, que nunca se había planteado esta pregunta, empezó a reflexionar... "Efectivamente, tiene razón la hormiga, no es fácil coordinar los cien pies". Cuenta la historia que a partir de aquel momento el ciempiés se bloqueó y no pudo seguir caminando».[1] Edoardo me mira con cara de asombro, la historieta ha dado en el clavo, recordándole la naturaleza paradójica de su solución intentada de esforzarse. Entonces añado: «En realidad, deberías tomar ejemplo del abejorro...». Edoardo sonríe, intrigado por saber qué pinta aquí el abejorro. «Parece ser que el abejorro, desde

[1] Para más información sobre la aplicación terapéutica de la historieta del ciempiés, véase Nardone y Watzlawick, 1990.

un punto de vista físico, debido a su peso y al reducido tamaño de sus alas no podría volar. Sin embargo, todo el mundo sabe que los abejorros vuelan. ¿Sabes qué han deducido los científicos? Que el abejorro no podría volar, pero él no lo sabe y, por tanto, ¡vuela!». El muchacho ríe divertido. En ese momento le prescribo su primera tarea. Todas las mañanas, mientras se viste y se prepara para la jornada, deberá hacerse una pregunta algo extraña, que es la siguiente: «Si yo quisiera dedicarme, de forma voluntaria y deliberada no a mejorar, sino a empeorar más mi situación, ¿qué debería hacer o no hacer? ¿Qué debería pensar o no pensar si, por alguna extraña razón, quisiera que todo fuera peor?». Evidentemente, se trata tan solo de una pregunta teórica y deberá evitar ponerla en práctica. En la próxima sesión, tendrá que traerme todas las respuestas. «Mira, la lógica de esta pregunta aparentemente tan extraña remite a una antigua estratagema china que dice: "Si quieres enderezar algo, aprende primero a retorcerlo aún más"».[2] Como segunda indicación le pido que observe si, en los próximos quince días, realiza algún corto vuelo de abejorro. No es más que una observación exploratoria, preciso, para comprender mejor el funcionamiento de su problema.

En la siguiente sesión, Edoardo me entrega sonriente un cuaderno lleno de apuntes. «Me ha sido muy útil esta pregunta», empieza diciendo, «porque me he dado cuenta de que estaba haciendo un montón de cosas que empeoraban la situación. Ante todo, no puedo permitirme no ir a clase. Mi familia está haciendo muchos sacrificios para que estudie y no puedo decepcionarlos de nuevo». Y, ciertamente, en estos quince días no había faltado ni uno solo a

---

2 Desarrollada por Giorgio Nardone, la técnica del «cómo empeorar» puede producir dos efectos: el primero, paradójico, es que, cuanto más piensa la persona en maneras de empeorar, más acuden a su mente tan solo maneras de mejorar; en el segundo, la persona consigue seleccionar formas de empeorar, pero, en virtud de una lógica contradictoria, empieza a evitarlas por aversión. En ambos casos el resultado es el bloqueo de las soluciones intentadas disfuncionales que mantienen y empeoran el problema (Nardone, 1998, 2003b, 2009, 2020; Nardone y Balbi, 2008).

clase. También se había dado cuenta de que su actitud expectante podía ser interpretada como un rechazo. «Nunca había pensado en la posibilidad de que los otros se sintieran rechazados por mí», confiesa, «y he entendido que seguir a la expectativa era una mala estrategia». Por la mañana, en clase, se había esforzado por mirar a sus compañeros y lanzar algún saludo en voz baja, descubriendo con sorpresa que los otros respondían, incluso con alguna sonrisa. El muro del rechazo preventivo que genera rechazo había empezado a mostrar alguna pequeña grieta, pero el camino todavía era largo. En cuanto a los «vuelos de abejorro», había habido uno importante con el compañero de pupitre. Al ver que este sacaba un cómic japonés, le dijo —de manera espontánea y sin pensarlo— que a él también le gustaban mucho los manga. Los dos muchachos empezaron así una conversación sobre los cómics que se había desarrollado sin ningún esfuerzo. «Nada de ciempiés, esta vez», declara sonriente. A partir de ese momento, había mantenido una comunicación diaria con ese compañero sin grandes dificultades.

Sin embargo, Edoardo no se había visto con fuerzas para hablar con los otros compañeros de clase, especialmente a la hora del recreo, cuando los chicos se reunían en grupitos a hablar en los pasillos: «La idea de acercarme y decir alguna cosa me aterroriza», afirma. Es evidente que Edoardo todavía no ha adquirido las habilidades sociales necesarias para interactuar eficazmente con sus compañeros. Y lo complica aún más su expectativa irreal, por la que, para ser socialmente adecuado y aceptado por los demás, es necesario ser siempre brillante y tener temas de conversación fascinantes, en una especie de *performance* de *showman*. Le digo de manera un poco provocadora: «¿Sabes qué personas son las que más agradan a los demás?». «¿Las más simpáticas?», responde dudoso. «No; las que saben escuchar y los hacen sentirse cómodos», contesto. «A las personas les gusta recibir atenciones y sentir que los otros se interesan por ellas. El que quiere ser siempre el centro de atención, como, por ejemplo, los que son el alma de la fiesta, puede entretener y a veces divertir, pero no necesariamente es considerado como alguien agradable. Como decía un antiguo filósofo griego: «Tenemos dos orejas y una boca para poder escuchar el doble de lo que decimos». Edoardo me mira sorprendido: «Efectivamente, a mí tampoco me gustan mucho las personas que siempre están hablando», comenta pensativo, como si estuviera empezando a observar la realidad desde un punto de vista distinto. Le presento, pues, la sencilla tarea que deberá realizar las próximas semanas: «Puesto que tenemos que ejercitarte en las habilidades sociales, desde ahora hasta la próxima vez que nos veamos, querría que todos los días te acercaras a un compañero de clase y le preguntaras una cosa. Puedes empezar con cuestiones neutras —pedirle información sobre algo que haya dicho el profesor o sobre un horario— y pasar luego a preguntas más comprometidas, que den a entender al otro que estás interesado en conocerlo mejor. Puedes pedirle una opinión personal, preguntarle por un gusto musical, etc.». La tarea consiste en hacer preguntas solo a un compañero cada vez —empezando por los más «fáciles» hasta llegar a los más difíciles— y escuchar luego las respuestas con atención, sin pretender decir nada más. A la hora del patio, podrás acercarte a un grupito que esté hablando y limitarte a escuchar en silencio, practicando el arte de emitir todos los *feedback* no verbales de «oyente experto» (asentir, mirar a la cara del que habla, etc.). Podrás hacer alguna pregunta o comentario solo si se te ocurre como «vuelo de abejorro». Edoardo acepta de buen grado las indicaciones. En la siguiente sesión me cuenta muy satisfecho que ha hecho preguntas a casi todos los compañeros de clase y que se han mostrado amables y bien dispuestos a charlar con él. Un compañero le confesó incluso que siempre había pensado que era un «creído» y empezó a invitarlo a salir con él y otros amigos. Me dice, muy feliz, que finalmente ha comprobado que el rechazo que siempre había percibido era el resultado de su aislamiento y de haber transmitido, involuntariamente, sensación de rechazo. Aunque todavía no se sentía tan seguro como desearía, no se había bloqueado como el ciempiés y sus vuelos de abejorro iban en aumento. Hago un seguimiento de Edoardo durante todo el año escolar con una sesión al mes, ayudándolo a incrementar cada vez más sus habilidades sociales y su vida relacional. Al final de curso está ya perfectamente integrado en la clase y no solo eso, sino que, junto con algunos compañeros, ha decidido crear una banda y tienen prácticamente todos los fines de semana ocupados entre ensayos y conciertos. Ha confesado su homosexualidad a algunos amigos, que le han respondido riendo que lo sabían desde hacía tiempo. «Cantar sobre el escenario es fantástico», explica con entusiasmo, mientras me muestra el vídeo de su última actuación. El ciempiés no es más que un recuerdo muy lejano; ahora solo le esperan maravillosos vuelos de abejorro.

2. Inmunizarse contra el veneno del rechazo

Álex es un guapo muchacho de 25 años: alto, de mirada intensa e inteligencia brillante, que está a punto de licenciarse en Física con las mejores calificaciones. A los ojos de los demás es un triunfador en todos los aspectos. Pero Álex tiene un problema que le hace sufrir mucho: en primero de bachillerato, la chica de la que se había enamorado locamente lo rechazó y se burló de él delante de los compañeros por su nariz aguileña. La experiencia había sido tan devastadora que, a partir de aquel momento, decidió concentrarse solo en los estudios y en el baloncesto. Durante los años de la universidad había tenido algunas breves relaciones poco significativas, todas con un elemento común: habían sido las chicas las que le habían hecho proposiciones y él se había limitado a aceptar las insinuaciones, a veces muy evidentes. «Pero nunca me he enamorado», precisa, «de hecho, diría sin dudar que me aburro, no encuentro una chica que me guste de verdad».

«Si lo he entendido bien, pero corrígeme si me equivoco, en todas las relaciones que has tenido siempre has dejado que te elijan, nunca has elegido tú». «Es cierto, con esta nariz nunca me he atrevido a tomar la iniciativa con las chicas que me gustaban de verdad, las realmente guapas, que tienen mil pretendientes», responde afligido. Explica que ha estado tres años en psicoterapia para superar su miedo al rechazo, sin resultados positivos. «Sé que no habría nada que temer si intentara ligar con una chica», me dice, «que el problema es que mis convicciones están distorsionadas y que, si un chico se acerca a una chica, esta se sentirá forzosamente halagada y responderá amablemente, aunque no esté interesada, ¡pero yo no soy capaz!». Todos los intentos racionales llevados a cabo hasta ese momento para intentar convencer a Álex de que se arriesgue no solo no han funcionado, sino que se han convertido en parte del problema. Lo miro perpleja y le digo: «Mira, Álex, hay una cosa que me preocupa... Tengo la sensación de que tú crees que las chicas han de ser amables, incluso agradecidas, si un chico se acerca a ellas». Me mira confuso y asiente. «¿Es que todavía no has comprendido que en realidad son fieras peligrosísimas? ¿Has olvidado la crueldad de tu compañera del instituto? Y cuanto más atractivas y conscientes de la fascinación que ejercen, más peligrosas son. Es como si te acercaras a una serpiente muy venenosa y ella te perdonase solo porque te has aproximado con buenas intenciones. Has hecho bien en no arriesgarte hasta ahora, ¡seguramente habrías muerto envenenado!». Álex me mira con ojos de asombro, no puede creer lo que está oyendo. Tras años de intentar convencerlo de que se lanzara y de que no se haría daño, ahora el escenario había cambiado. «Si quieres ser capaz de acercarte a estas serpientes venenosas, debes inmunizarte primero contra su veneno; luego aprenderás a encantarlas, como hacen en la India». Y añado: «¿Sabes cómo se inmuniza uno contra un veneno?». Mueve la cabeza en señal de negación. «Hay que aprender del antiguo rey Mitrídates, que, temiendo ser envenenado por los enemigos, todos los días tomaba pequeñísimas cantidades de veneno para inmunizarse. Así que ahora deberás tomar a diario una pequeñísima dosis del veneno que temes, esto es, el rechazo». Le propongo como tarea diaria elegir una chica atractiva y hacerle una pregunta cuya finalidad sea recibir un mínimo rechazo. Al principio deberá ser una cosa muy pequeña, banal, como parar a una chica por la calle y preguntarle por una dirección que no existe. Una vez inmunizado con pequeñas dosis, podrá pedir alguna cosa más importante. Y todos los días deberá obtener un «no», que le permitirá empezar a inmunizarse.[3]

Álex acude a la segunda sesión algo incómodo y me explica que, por mucho que se ha esforzado, no ha conseguido obtener auténticos noes. Al parar a una chica guapa por la calle para preguntarle por dónde pasaba un autobús que no pasaba por allí, esta se había esforzado al máximo por ayudarlo. En otra ocasión, había intentado preguntar la hora a otra que no llevaba reloj, y la chica, sonriente, había sacado el teléfono del bolso para decírsela, e incluso le había dado un poco de conversación. De modo que había empezado a hacer peticiones un poco más importantes, hasta llegar a pedir el número de teléfono a una chica que conoció en el tren, convencido de que recibiría un «no» por respuesta. Con gran sorpresa por su parte, ella se lo había dado y, desde entonces, habían empezado a escribirse a diario. «No me digas que no has conseguido ni el más mínimo no», le comento mirándolo medio en serio y medio en broma. «Lo siento, no lo he conseguido», responde realmente disgustado. «Pues así no vamos bien, nos arriesgamos a que no consigas inmunizarte; creo que deberás subir un poco el nivel de la petición para conseguir el rechazo», lo apremio, con una comunicación que sigue siendo ambivalente, entre seria e irónica. «De acuerdo», responde Álex sonriendo, «lo intentaré con chicas aún más guapas, así iré sobre seguro». Vuelvo a verlo al cabo de un mes: le brillan los ojos y tiene muchas ganas de explicarse. Aunque se había acercado a chicas que antes había considerado imposibles, casi siempre había obtenido respuestas positivas o amables. «Pero lo más interesante», precisa, «es que cuando me han dicho que no, no ha pasado nada. Es decir, no me ha importado en absoluto y he pensado: "el mundo está lleno de chicas guapas". Doctora, me parece que, al fin y al cabo, ¡el rechazo no era un gran veneno!». Reímos juntos por este maravilloso descubrimiento.

3 La obtención de «noes» sin importancia para inmunizarse contra el veneno del rechazo es tratada con extensión en Nardone y Balbi, 2008.

3. El arma secreta de la amabilidad

Silvia, ingeniera de unos 50 años, llega a la terapia tras haber vivido lo que ella define como «una vida de lucha para sobrevivir a continuos actos de rechazo y abuso». Criada en el seno de una familia problemática, con un padre ausente y una madre deprimida, desde niña buscó, en vano, obtener la atención de los padres, aunque siempre fue rechazada o tratada con desconsideración. Niña feílla y muy tímida, en la escuela también fue objeto de burla o marginada. Ni una amiga, ni un chico que le hiciera la corte. Silvia creció refugiándose en el estudio y en su pasión por dibujar a carboncillo, actividad en la que era realmente buena. Se licenció con la nota máxima en ingeniería civil y abrió un despacho profesional donde, no hace falta decirlo, trabajaba sola. Como se ocupaba de restauraciones de inmuebles, obviamente tenía que relacionarse con muchas personas: los dueños de las empresas de construcción, los clientes, los proveedores de los materiales, además de intentar conocer esporádicamente a gente aceptando las pocas invitaciones que recibía o apuntándose a algún curso. Con lágrimas en los ojos y una mezcla de rabia y de dolor, cuenta que, cada vez que se halla en una situación que implica una relación nueva, siente por parte del otro una antipatía y un rechazo tan fuertes que no puede hacer otra cosa que reaccionar «defendiéndose» o mostrándose huraña y hasta agresiva. El resultado es obvio: muchos conflictos y dificultades en el trabajo y prácticamente ninguna relación de amistad. Silvia oscila entre la rabia de quien querría poder rechazar definitivamente el mundo hostil que la rodea y la ardiente necesidad de ser aceptada y amada. Es la situación típica de quien se defiende por anticipado y acaba así realizando precisamente la profecía que teme. Pero de nada serviría tratar de explicarle este mecanismo: su percepción y sus experiencias vitales están tan caracterizadas de manera inequívoca por rechazos reales y continuos que debemos guiarla con suavidad a modificar su guion relacional.

Silvia, además, parece cargar todavía con todas las heridas de una vida relacional y afectiva desastrosa: la familia patológica, los actos de

acoso sufridos en la escuela, un amargo desengaño sentimental vivido solo de manera virtual con un hombre que luego salió huyendo…
  Lo primero que le pido es que todos los días coja papel y lápiz y recuerde todos los rechazos y vejaciones sufridas, desde los más recientes hasta llegar a los que sufrió cuando era niña. Deberá hacer una auténtica «novela negra» de su vida.[4] «Sé que le estoy pidiendo una cosa muy dolorosa», añado, «pero si queremos avanzar, primero debemos archivar todos los sufrimientos del pasado, porque de lo contrario estos seguirán invadiendo su presente e impidiéndole construir un futuro diferente». Con los ojos llenos de lágrimas, Silvia asiente en silencio. «Le impongo además una tarea muy sencilla: cuando se encuentre con personas nuevas, deberá buscar todos los signos objetivos e inequívocos que le permiten pensar que la rechazarán. Mire, para combatir al enemigo, primero hay que estudiarlo atentamente».

  Cuando vuelvo a ver a Silvia, lleva un montón de sobres cerrados: «Este deber ha sido realmente difícil y doloroso», afirma, «hasta el punto de que esperé cuatro días antes de decidirme a empezarlo. Pero he de decir que, en cuanto comencé a escribir, todos los episodios dolorosos fueron saliendo sin necesidad de rebuscar, como un flujo imparable. Los primeros días lloré y sentí mucha rabia por mis padres y por todo lo malo que me había ocurrido, pero después me di cuenta de que escribirlo me había ayudado a sacarlo y no he vuelto a pensar en ello». La felicito por haber realizado tan bien una tarea tan dolorosa y subrayo la importancia de haber archivado el pasado. De ahora en adelante, solo volverá a escribir si algunos recuerdos del pasado invadieran de nuevo el presente, a fin de acabar con ellos definitivamente.

---

4 Pedir que se recuerden diariamente por escrito todos los sucesos catastróficos sufridos a lo largo de la vida es una maniobra que permite elaborarlos y crear un distanciamiento emocional. El resultado final será el desbloqueo de recursos que la persona podrá utilizar para introducir cambios en el presente. Para un tratamiento más profundo de esta técnica, véanse Muriana, Pettenò y Verbitz, 2006; Nardone y Balbi, 2008; Cagnoni y Milanese, 2009; Muriana y Verbitz, 2017.

Le pregunto cómo le ha ido con el otro deber impuesto. Me mira sonriendo y dice: «¡No he escrito nada! En estos quince días no me he sentido rechazada por ninguna de las personas que he conocido. Incluso me han parecido más bien amables». Le pregunto cómo se explica este extraño fenómeno; responde que, a diferencia de lo que hacía antes, el hecho de tener que observar a los demás buscando señales la había hecho más abierta y sociable, y probablemente esto había facilitado las interacciones. En efecto, quince días eran muy poco tiempo para decidir que los otros no la rechazarían, pero sin duda había descubierto que en el terreno de las relaciones ella había desempeñado un papel activo y no había sido solo la víctima. «¿Cómo es posible —me pregunta— quedarse atrapado en este mecanismo?».

Es importante empezar a redefinir también desde un punto de vista cognitivo el mecanismo de la profecía que se autocumple. Decido hacerlo con un ejemplo. «Imagínese a una persona convencida de que no le gusta a nadie y que entra en un bar. Entrará con la cabeza baja, procurando no cruzar la mirada con nadie por miedo a descubrir señales de rechazo, no saludará, controlando de reojo si alguien la observa, se tomará el café en dos sorbos y saldrá corriendo sin saludar. Los que están en el bar, como mínimo la ignorarán o, tal vez, le lanzarán una mirada de ligera desaprobación. La persona habrá tenido la confirmación de no gustar a los demás. Imagínese, por el contrario, a alguien que cree que sí gusta a los otros; entrará con la cabeza alta, sonriendo, cruzando la mirada con otra persona y saludando. Seguramente, alguien le devolverá la sonrisa y el saludo, pensando que se trata de una persona muy amable. Y esa persona habrá tenido la confirmación de que es alguien que gusta».

La reacción de Silvia es ambivalente: por un lado, este descubrimiento le da esperanzas de poder cambiar finalmente alguna cosa de su vida; por el otro, la invade una oleada de rabia y dolor al pensar en todo el tiempo que ha perdido y en cómo habría podido ser su vida si hubiese hecho este descubrimiento treinta años antes. Le respondo que comprendo perfectamente su malestar, pero que debe evitar la trampa de volver a mirar hacia un pasado que ya no puede cambiar y, en cambio, tiene un futuro nuevo que construir. La invito, por tanto, a seguir buscando las señales, en el caso de percibir de nuevo la sensación de rechazo, y de plantearse todas las mañanas esta pregunta: «¿Qué haría hoy que fuera diferente de lo que suelo hacer, *como si* me sintiera una persona que gusta mucho a los demás?». Además, todos los días deberá elegir la cosa *como si* más insignificante y ponerla en práctica; cada día una cosa distinta.[5]

Silvia acude a la tercera sesión más sonriente y con una actitud más abierta, y explica que ha hecho un montón de cosas nuevas a raíz del deber del «como si»: se ha apuntado a un curso de pintura, que es algo con lo que soñaba desde hacía tiempo y, pese a los temores iniciales, se encontró con un grupo de personas amables y simpáticas. Con algunas incluso ha ido a exposiciones y a comer una *pizza* de vez en cuando. Siente que en cierto modo ha roto aquel mal encantamiento que la hacía ser rechazada por todo el mundo, pero todavía subsisten algunas relaciones en las que no logra evitar ser agresiva o negativa. Me cuenta que en el trabajo hay al menos un par de personas cuyo rechazo todavía percibe. «Son individuos desagradables y malos», explica, «y no puedo evitar mostrarme dura y muy fría cuando estoy con ellos, porque sé que quieren herirme. Créame, en este caso yo no tengo nada que ver». Lo que describe no me sorprende: la tarea del «como si» es extremadamente eficaz cuando se trata de enfrentarse a nuevas situaciones de relación, pero no frente a relaciones que están tensas desde hace tiempo, en las que el mecanismo de rechazo y hostilidad recíproca es circular y automático. «En estos casos», le digo, «hay que adoptar una estratagema distinta, esto es, aprender a matar la serpiente con su propio veneno».

---

5 Formulada por primera vez por Paul Watzlawick (1990), la técnica del *como si* se basa en la lógica de la creencia y sirve para guiar a la persona al cambio, primero de su propia conducta y, como consecuencia, de su percepción de la realidad. La maniobra tiene como objeto introducir en lo que hace la persona en su jornada diaria un cambio mínimo que, invirtiendo el sentido de la profecía cumplida, producirá un efecto avalancha de cambio, que desembocará en la construcción de una nueva realidad personal e interpersonal funcional (Nardone, 1998, 2009; Nardone y Balbi, 2008; Milanese y García-Rivera, 2013).

Me mira llena de curiosidad. Añado: «¿Cuál cree que sería la conducta que estas personas nunca esperarían de usted? ¿Qué actitud las sorprendería más y les rompería todos los esquemas?». Reflexiona un instante y luego responde: «Si yo fuese amable y sonriente, imagino». «Exacto», replico. «De manera que le pido que compre un montón de caramelos pequeños y que los lleve siempre consigo. De ahora en adelante, cada vez que la otra persona se muestre negativa o grosera, simplemente deberá sacar un caramelo y ofrecérselo con una sonrisa. De este modo, matará a la serpiente con su propio veneno».

Silvia parece divertida, solo le faltaba esta «arma secreta»[6] para sentirse capaz de enfrentarse a estas últimas situaciones. Vuelvo a verla al cabo de dos semanas y me cuenta que ha recurrido a los caramelos siempre que se ha sentido incómoda con personas con las que había tenido historias desagradables. Explica que las otras personas habían aceptado los caramelos con cierta sorpresa y que, a partir de aquel momento, parecía que la relación era más tranquila. Sin embargo, entonces le había surgido una duda: «¿Y si esto también hubiese sido consecuencia de mi actitud negativa?». Silvia parece pasar por una pequeña crisis, propia de alguien que lucha continuamente entre una forma de percepción antigua y consolidada con los años y un sentimiento nuevo, demasiado reciente todavía para ser sólido. «Intentar comprender si lo que siente es real o es el eco de sus experiencias pasadas es una pregunta peligrosa, que podría hacer entrar de nuevo por la ventana lo que usted ha tenido el coraje de sacar por la puerta», le digo. «La indicación de los caramelos funciona siempre: si el otro es una viborilla, lo pondrá en su sitio con un gesto de amabilidad inesperada; si no lo es, ser amable le servirá a usted para gestionar su dureza y, en cualquier caso, será algo agradable a los ojos de la otra persona. Por consiguiente, de ahora en adelante, la indicación servirá justamente para distinguir a quién tenemos del otro lado, puesto que funciona en ambos casos».

6 Para más información sobre la prescripción del «arma secreta», véanse Watzlawick, Weakland y Fisch, 1974; Milanese y Mordazzi, 2007; Nardone y Balbi, 2008; Muriana y Verbitz, 2017.

Aliviada por la idea de poder seguir utilizando su arma secreta sin plantearse demasiados problemas, Silvia se despide y acordamos volver a vernos al cabo de un mes, asegurándole que es necesario darse un tiempo para que ciertos automatismos cambien definitivamente y que, por tanto, ha de tener paciencia. Cuando se trabaja con trastornos generalizados y cronificados desde hace años, tras el desbloqueo es fundamental seguir viendo a la persona a menudo durante meses, a fin de acompañarla a consolidar los cambios conseguidos y sustituir la antigua espontaneidad disfuncional —en el caso de Silvia, el rechazo preventivo— por una funcional, hecha de apertura y capacidad de relacionarse.

La terapia termina después de otras seis sesiones, que al principio tienen lugar cada mes y luego cada dos meses, y que han posibilitado que Silvia experimente concretamente cuánto podía cambiar su vida, incluso de forma radical, modificando su actitud en la relación con los demás. Es un ejemplo admirable de cómo cada uno de nosotros siempre es responsable de la realidad que construye, tanto si la sufre como si la gestiona.

6
Haga lo que haga, me equivoco: el miedo a la inadecuación

El miedo a no estar a la altura es el que nos obliga
a subir cada día un peldaño.

Kōan japonés

En todos los miedos analizados hasta ahora, lo que está fuertemente comprometido es la relación entre uno mismo y los demás: la persona percibe la presencia constante de un juez exterior, que muchas veces acaba comprometiendo también las otras dimensiones relacionales, las que se establecen entre uno mismo y uno mismo y entre uno mismo y el mundo.

En el miedo a la inadecuación, en cambio, la relación más crítica es la que existe entre uno mismo y uno mismo: la persona convive con un juez interior severo, a menudo despiadado, que puede convertirse en un verdadero inquisidor o perseguidor interior. Hagan lo que hagan, estas personas nunca se sienten completamente adecuadas, por no decir claramente inadecuadas. Insensibles a las señales del mundo exterior cuando estas tienden a confirmar su adecuación, son muy buenas a la hora de destacar cualquier pequeño error o carencia que confirme su inadecuación. Como dice Giorgio Nardone, para estos individuos el éxito no vale nada, el fracaso vale el doble. Se parte de la hipótesis errónea de que para ser adecuados hay que ser perfectos; de ahí que la más pequeña imperfección se viva como una inadecuación insuperable.

El mecanismo paradójico es análogo al que hemos visto en otros miedos a no estar a la altura. Debido a su sensación de inadecuación, estas personas se esfuerzan mucho más que las que no han de demostrarse a diario su propio valor, de modo que acaban obteniendo óptimos resultados y, por tanto, un aumento de las exigencias y de las expectativas de los demás (Nardone, 2014a). El incremento de las responsabilidades avanza formando una espiral paradójica, en la que la diferencia entre la altura del listón y la sensación de incapacidad de superarlo aumenta cada vez más. Estas personas experimentan lo que Paul Watzlawick (1986) definió como «un éxito catastrófico»: cuanto más se esfuerzan por silenciar a su perseguidor interno, más poder le dan para perseguirlas, gracias a las mayores responsabilidades asumidas y a las expectativas que generan en los demás.

En el ámbito profesional, donde el guion permite desempeñar funciones de gran responsabilidad, la sensación de la persona que vive este miedo es a menudo la de ser una especie de «impostora», alguien que finge ser lo que no es y que, antes o después, será inevitablemente desenmascarado. Si esto no ha sucedido ya es solo cuestión de suerte, que, por desgracia, no durará eternamente. La persona vive, por tanto, en una especie de «alerta» constante, como si fuera consciente de que en cualquier momento podría ocurrir la inevitable tragedia. En la versión más extrema, es como si esta tuviese que luchar a diario con un auténtico perseguidor o inquisidor, que se manifiesta en forma de pensamientos recurrentes o de una voz interna que mina continuamente la confianza en los propios recursos y capacidades personales (Nardone y De Santis, 2011).

El miedo puede oscilar entre las formas más leves propias de quien se siente siempre un poco inseguro, pero vive su vida con éxito, y las más graves de las patologías invalidantes, por lo general trastornos fóbico-obsesivos, paranoicos o depresivos.

Las soluciones intentadas propias de quien teme ser inadecuado son:

a) *Hipercontrol:* la persona se dedica en cuerpo y alma al estudio o al trabajo para intentar compensar su sensación de inadecuación. Lo controla todo para evitar errores; si se trata de decisiones, sopesa en exceso los pros y los contras, y a menudo es presa de sus propias dudas.

b) *Delegación, petición de ayuda o de seguridad:* la persona puede intentar delegar en otros actividades o decisiones para las que teme no ser apta, pedir consejos o garantías continuas de su idoneidad e incluso llegar a pedir protección.

c) *Autoseguridad:* cuando aparece el inquisidor, es como si la persona estuviese constantemente absorta en un diálogo interior con esta voz, en un intento —inútil, por desgracia— de rebatir los terribles argumentos con que esta le echa en cara todas sus insuficiencias. Cuanto más intenta asegurarse, más refuerza al inquisidor, que acaba masacrándola aún más.

d) *Renuncia:* cuando la persona vive la certeza (o el miedo) de ser inadecuada, puede llegar a renunciar definitivamente a luchar. La renuncia puede afectar a sectores concretos de la vida, como, por ejemplo, a buscar un trabajo gratificante, o ser más general y derivar en el desarrollo de un trastorno depresivo, que puede llegar a ser severo.

1. El síndrome del impostor: ¡tarde o temprano descubrirán que soy un bluf!

«¡Estoy aquí porque soy un inseguro!», empieza diciendo Salvatore, de 44 años, directivo en una gran empresa. «¿Puede explicarse mejor?», le pregunto. «No sé cómo explicarlo, siempre me siento inferior a los demás, no tengo confianza en mí mismo». «¿Le ocurre siempre o solo en algunas circunstancias?». «Prácticamente en todo lo que se refiere al trabajo», responde. Y cuenta que ha hecho una brillante carrera, no por mérito propio, sino por toda una serie de coincidencias afortunadas que lo habían llevado a estar en el lugar adecuado en el momento preciso. La promoción a directivo también lo había pillado desprevenido, y creía que se había producido porque su jefe se había marchado de repente y había que sustituirlo rápidamente.

«Vivo con el terror de que los otros se den cuenta de que no soy tan bueno como creen; cada vez que se me exige hacer algo nuevo, creo que entonces me descubrirán». «Si le he entendido bien, y corríjame si me equivoco, es como si usted se considerara una especie de bluf, que tarde o temprano alguien descubrirá». Se le ilumina el rostro y responde: «Exacto, ¡pero no se puede ser un bluf eternamente!». Sigo preguntando para comprender mejor cómo se manifiesta el miedo de Salvatore y qué ha intentado hacer hasta ahora para gestionarlo, pero me doy cuenta de que el directivo no consigue concretar, sigue contestando que siempre se siente inseguro y poco capaz. Como acostumbra a hacerse cuando la persona tiene dificultades para describir detalladamente el problema que hay que resolver, decido explorar la otra cara de la moneda, esto es, el objetivo que hay que conseguir. De modo que le pregunto: «¿Qué otra cosa diferente haría si, como por milagro, de repente estuviese seguro de sí mismo y no pensara ya que es un bluf?». Salvatore respira hondo, se apoya en el respaldo de la silla y empieza a explicarme cómo cambiaría su jornada si se produjese el milagro: «En primer lugar, no pasaría la tarde controlando de nuevo las actividades realizadas hoy para estar seguro de no haber cometido errores; por fin podría pasar una velada tranquilo con mi mujer y mis hijos. Mañana me despertaría sereno y contento de ir a trabajar y, en la reunión matutina, diría realmente lo que pienso en vez de escuchar en silencio. No le pediría a mi ayudante que volviera a controlar los trabajos más complejos y me propondría alguna nueva actividad estimulante, que ahora procuro evitar por miedo». Imaginar cómo sería su vida laboral si se sintiera capacitado y seguro parece resultarle muy fácil; decido, por tanto, utilizar la misma lógica de intervención en la maniobra que le prescribo. «Desde este momento hasta que volvamos a vernos, querría que todas las noches, antes de acostarse, se plantease una fantasía parecida a la que le acabo de proponer. Imagínese que se acuesta y que durante la noche se produce un milagro. A la mañana siguiente, se despierta y por fin se siente seguro de sí mismo: ya no es un bluf, sino una persona consciente de sus propias capacidades.

6. *Haga lo que haga, me equivoco: el miedo a la inadecuación*

Cuando se haya imaginado el milagro, pregúntese: "¿Qué otra cosa diferente haría mañana, en la jornada concreta que me espera, si por un milagro estuviera completamente seguro de mí?". Y tome nota de todas las respuestas que se le ocurran, incluso de las más nimias. Al día siguiente viva su vida normalmente; por la noche, antes de replantearse la pregunta del milagro para el día siguiente, controle lo que había escrito la noche anterior y, si alguna cosa se hubiera hecho realidad de modo completamente espontáneo, señálelo. En nuestro próximo encuentro deberá traerme todas las respuestas».[1] Salvatore llega a la segunda sesión con un cuaderno lleno de anotaciones y sobre todo de «señales» para marcar las cosas realizadas a lo largo de aquellos días. «Esta tarea ha sido muy ilustradora», declara de entrada, «nunca había sido consciente de hasta qué punto me apoyaba en los demás y, sobre todo, de que cada vez que pedía a mi ayudante que controlara de nuevo mi trabajo con cualquier excusa, me sentía aún más bluf. Por no hablar de la ausencia total de proactividad, que me hacía sentir un completo inepto. ¡Es como si me hubiera escondido toda la vida!».

A lo largo de las semanas transcurridas, había empezado a reducir tanto las peticiones de ayuda como los controles excesivos de su trabajo, descubriendo que las cosas no le iban tan mal. Incluso había empezado a trabajar en un proyecto innovador sobre el que hacía años que reflexionaba, pero que nunca había sido capaz de proponer. Todavía no se lo había dicho a nadie, «quiero perfilar todos los detalles antes de hacerlo», subraya, «pero en la próxima reunión empezaré ya a introducir la idea». Le pregunto qué efecto le había

1 Esta prescripción, desarrollada por Giorgio Nardone, deriva de una reorganización de la técnica del «como si» de Paul Watzlawick (1990) y de la pregunta del milagro de Steve de Shazer (1985, 1988). Es una maniobra orientada a la inducción de un autoengaño positivo que, sin pedir directamente a la persona que haga algo diferente, introduce una sugestión que sugiere que el «milagro» puede ocurrir, desplazando la atención del presente problemático al futuro deseado. La maniobra desencadena así una profecía que se autocumple, que a menudo produce efectos realmente «mágicos» de cambio ya entre la primera y la segunda sesión (Nardone y Salvini, 2013).

provocado empezar a «correr el riesgo» de comportarse como una persona capaz y segura de sí misma. «¡Fantástico! Pero todavía hay mucho que cambiar», responde. Salvatore no solo ha introducido grandes cambios en su vida diaria, sino que parece también muy consciente de hasta qué punto sus soluciones intentadas (la evitación, la delegación y el hipercontrol) eran precisamente lo que había mantenido y empeorado con los años su percepción de ser un bluf.

Para «fotografiar» este espléndido cambio le pregunto: «Si tuviese que evaluar en una escala del 0 al 10 lo que ha cambiado en estas dos semanas, poniendo un cero a la situación que me describió en la pasada sesión y un 10 cuando pueda decirme que ha alcanzado su objetivo y ya no me necesita, ¿qué nota se pondría hoy?».[2] Sin dudar responde: «¡Un siete!». Coincido con él y lo felicito por el espléndido desbloqueo que ha conseguido. Al llegar a este punto, solo queda acompañarlo, sin prisas, a conseguir el 10. Hemos lanzado una bola de nieve, que se está convirtiendo ya en una avalancha imparable y que debemos dejar rodar a su ritmo, evitando frenarla o empujarla demasiado, ya que podríamos correr el riesgo de romperla.

Para darle tiempo a consolidar el cambio, se fija la próxima cita para un mes más tarde. Como deber, lo invito a renovar todas las mañanas la pregunta del milagro y, teniendo en cuenta lo bien que lo ha hecho, a continuar con esos pequeños grandes cambios que había empezado a introducir. Por la noche deberá comprobar si la puntuación en la escala ha llegado espontáneamente a 8, pero sin esforzarse por conseguirlo, porque correríamos el riesgo de romper nuestra bola de nieve.[3]

---

2 La técnica de la escala de autoevaluación, desarrollada por Giorgio Nardone, se utiliza para valorar el cambio realizado por el paciente y empujarlo gradualmente a la resolución total de su problema. Se utiliza cuando la persona ya ha conseguido un desbloqueo significativo de sus soluciones intentadas y ayuda a cuantificar y a tener una visión global del cambio. Esto es útil tanto para subrayar el cambio producido como para incentivar nuevos cambios progresivos (Nardone y Balbi, 2008; Nardone y Salvini, 2013).

3 Como el cambio de la persona ha sido muy rápido, se prefiere una maniobra sugestiva dirigida a una nueva mejora sin pedirlo como esfuerzo voluntario.

Estuve haciendo el seguimiento de Salvatore en cuatro sesiones con intervalos de varios meses, y el diez llegó rápidamente y sin recaídas: finalmente, nuestro bluf ha resultado ser ¡un buen póquer de ases!

2. Dar el púlpito al inquisidor

Bárbara estuvo trabajando durante quince años en la empresa de la familia, pero hace un año decidió dejarlo porque ya no soportaba seguir dedicándose a la maquinaria agrícola. Pasados los primeros meses, la sensación de liberación inicial se había transformado en una insatisfacción creciente. Había imaginado una nueva vida repleta de aficiones, amistades y, sobre todo, de una actividad laboral más acorde con su pasión: la psicología. Pero las cosas no estaban yendo como había previsto. Bárbara no sabía qué hacer para volver a la vida activa y pasaba días enteros como un oso enjaulado, caminando sola por el parque o leyendo. No se relacionaba con nadie y su marido viajaba con frecuencia por razones de trabajo.

«Soy una inútil, no soy capaz de hacer nada», afirma estallando en llanto. Y explica que siempre se ha sentido inadecuada en todo lo que ha hecho. Tras licenciarse en Psicología, no fue capaz de iniciar una actividad por cuenta propia ni de solicitar un empleo en algún organismo, de modo que acabó aceptando trabajar en la empresa familiar, en un sector y una función que odiaba. Cuando estaba con otras personas, con parejas de amigos por ejemplo, nunca se consideraba suficientemente interesante o culta y, por tanto, procuraba escuchar en silencio en vez de dar su opinión. Y si decía algo, por la noche se atormentaba pensando que había sido una banalidad o una tontería. Había aceptado sin oponer demasiada resistencia el deseo de su marido de no tener hijos, porque también temía no ser una buena madre, teniendo en cuenta que la suya no lo había sido. Renunciar al trabajo había sido la única acción de la que se sentía orgullosa, aunque ahora estaba muy deprimida. «Mi marido dice que no hace falta que trabaje, que disfrute de la vida, pero para mí esto es una pesadilla. Me siento inútil e incapaz».

Investigando más, descubro que ese juez tan severo con el que se relaciona a diario Bárbara es más bien interior que exterior. Es cierto que de vez en cuando teme que los otros la encuentren poco interesante, pero, en realidad, no hay señales que lo prueben y es siempre esa voz interior la que la inquiere y la condena. A medida que Bárbara va hablando, resulta cada vez más evidente la presencia de un «inquisidor» interior, despiadado y destructivo, con el que dialoga constantemente en un intento fallido de acallarlo.

«Mira, Bárbara, Nietzsche decía que hay dos tipos de personas: las primeras son las que nacen ya seguras de sí mismas, como si hubiesen recibido el don de la autoestima al nacer, y estas —dice el filósofo— son las tontas; las segundas, en cambio, son las que diariamente han de convencer de su propio valor "al escéptico que llevamos dentro". Y por mucho que hagan, cada día aparece de nuevo el escéptico, que pone en duda su capacidad. ¿A qué categoría crees que perteneces?», le pregunto sonriendo. «Obviamente a la segunda», responde. «Yo también lo creo así. Pero mira, al fin y al cabo, el escéptico que llevamos dentro podría ser un recurso, cuando su función consiste en espolearnos suavemente para inducirnos a mejorar. El problema es que en tu caso el escéptico se ha transformado en un auténtico inquisidor, que te mantiene fijada continuamente a tus presuntas incapacidades y te impide moverte». «¡Exacto!», responde, completamente atrapada por la imagen. Acordamos, por tanto, que lo primero que hay que hacer para intentar cambiar algo en su vida es intervenir en el inquisidor, hacerle una especie de «cura adelgazante» para que vuelva a ser de nuevo el escéptico que incita a mejorar. «Porque el inquisidor, obviamente, va a estar contigo toda la vida», preciso, «como me ocurre a mí, por otra parte», añado con complicidad. Le prescribo, por tanto, una maniobra articulada: todas las mañanas deberá convocar a su inquisidor y pedirle que le diga todo lo que hay de erróneo en ella, hasta qué punto es inadecuada, poco interesante y capaz, y deberá tomar nota de todo lo que le diga.

6. *Haga lo que haga, me equivoco: el miedo a la inadecuación*

Cuando haya terminado, dará las gracias a su inquisidor por haber hecho su trabajo y continuará con su vida normal. Si el inquisidor regresara durante el día, le dirá: «Ahora no, tendrás tu espacio mañana por la mañana». «¿Y si no se va?», me pregunta preocupada. «En este caso te lo llevas contigo como si fuese una especie de banda sonora, un grillo parlante fastidioso, y evitas responderle. Lo importante es que evites dialogar con él, porque se alimenta de tus intentos de convencerlo de que se equivoca. Y nosotras tenemos que hacerle una cura de adelgazamiento, ¡no engordarlo más!».

El hecho de darle una forma y un nombre muy evocadores («el inquisidor») permite empezar a intervenir de manera quirúrgica en este continuo diálogo interno que mantiene Bárbara, con la ilusión de asegurarse y convencerse de que es una persona capaz. De hecho, Bárbara llega a la segunda sesión más serena. Dice que los primeros días fue terrible tener que escuchar todas las maldades que el inquisidor le decía, incluso la había hecho llorar muchas veces; pero los días siguientes parecía menos fuerte y muy repetitivo. Los últimos dos días solo había hecho un tímido intento de opinar, aunque había desistido casi de inmediato. También había intentado aparecer por la tarde, pero Bárbara supo llevárselo consigo como una banda sonora, hasta conseguir remitirlo al día siguiente. La consecuencia de haber gestionado al inquisidor fue una mejora del humor y una mayor lucidez respecto de lo que querría cambiar de su vida. «Me gustaría tener amigos, personas con las que relacionarme, y no estar siempre sola. Alguien con quien salir a pasear o a comer cuando mi marido no está. Y, sin prisas, en otoño me gustaría matricularme en un curso de *coaching*, de este modo podría ejercer por fin una profesión de ayuda y utilizar mi experiencia en la empresa». Felicito a Bárbara por lo bien que ha empezado a someter a su inquisidor a la «cura de adelgazamiento» (imagen que la hace reír con ganas), e insisto en que tenemos que «debilitarlo» aún más hasta convertirlo en un «escéptico-*coach*», que ayuda a mejorar y no a hundirse. Deberá continuar, por tanto, con la indicación de dar el púlpito a su inquisidor, aunque ahora podrá hacerlo por escrito o solo como algo que escucha en su cabeza. Además, tendrá que empezar a entrar en contacto con otras personas: si tiene viejas amistades o conocidos que pueda recuperar, podrá comenzar por aquí; en caso contrario, deberá encontrar algún otro modo de introducir nuevas relaciones en su vida. El objetivo es evaluar cómo cambia su interacción con los demás y el resto del mundo, ahora que su inquisidor ya no es tan entrometido.

En la tercera sesión, Bárbara parece transformada: camina con la espalda recta, se ha maquillado y muestra una sonrisa luminosa que invita al contacto. Cuenta que se ha apuntado a un curso de yoga, cosa que deseaba hacer desde hacía tiempo, y que ha conocido a un montón de personas amables e interesantes. También ha retomado el contacto con alguna amiga a la que había perdido de vista y han quedado para salir algún día; una de estas amigas incluso le había dicho que estaba muy contenta de haber reanudado la relación con ella, porque era una de las pocas personas con las que se sentía muy cómoda. En los contactos con la gente se había sentido libre y espontánea, y había descubierto que tenía muchas cosas que decir, además de ser muy empática. El inquisidor había intentado criticarla de vez en cuando *a posteriori,* con la intención de suscitarle dudas sobre su adecuación, pero ella lo había acallado con decisión. Una vez gestionado el inquisidor, Bárbara parece disponer de todos los recursos emocionales y relacionales adecuados para realizar sus proyectos, sin necesidad de nuevas maniobras de desbloqueo. El proceso terapéutico siguió, pues, por estas dos vías: por un lado, la «cura adelgazante» al inquisidor; por el otro, la exposición gradual a todo lo que Bárbara había evitado hasta entonces por no sentirse nunca suficientemente adecuada.

En el *follow up,* seis meses después de haber terminado la terapia, me cuenta que ha realizado el curso de *coaching* y que, con mucho entusiasmo y un poco de miedo, está empezando a buscar trabajo como *coach.* Me confiesa que todos estos cambios han provocado cierta crisis en su marido, pero confía en que todo se resuelva satisfactoriamente. «Me parece que tengo que mejorar para sortear su resistencia al cambio», me dice riéndose, recién salida de clase.

3. El inquisidor «sedado»

Ester es una guapa estudiante de la Universidad Comercial Luigi Bocconi, alta, esbelta, con una larga melena castaña y un rostro en el que se advierten las huellas del llanto. La madre me la ha enviado tras haber leído un libro dedicado a la terapia estratégica de los trastornos alimentarios —*Las prisiones de la comida*— porque la joven come y vomita prácticamente todos los días. Ester explica que está muy desanimada: ha probado distintas psicoterapias, pero sin éxito; la intervención de la nutricionista también ha sido un fracaso. «Todos están convencidos de que vomito para no engordar», me dice irritada, «y no quieren creer que a mí ¡la línea me importa un bledo! Me preguntan siempre qué como, cuánto como, estoy harta de repetir lo mismo». Es evidente que Ester está desesperada porque no se siente suficientemente escuchada y comprendida. Le pido que me ayude a entender cuál es su punto de vista, puesto que hasta ahora nadie lo ha entendido. Se echa a llorar y me dice que «comer y vomitar» es la única fórmula que ha encontrado para gestionar la frustración y el dolor de no conseguir acabar la carrera universitaria. Hace meses que terminó los exámenes y debería preparar la tesis, pero está completamente bloqueada. Todos los días se sienta delante del ordenador intentando escribir algo, puesto que ya ha reunido el material necesario, pero inevitablemente la acomete una sensación de incapacidad tan fuerte que al poco rato desiste, va a la cocina y se atiborra con todo lo que encuentra, para vomitarlo después. Comer y vomitar no son acciones que Ester haya empezado a practicar con la tesis, sino que las había efectuado ya de forma esporádica desde la adolescencia, constituyendo la estrategia sedativa que la compensaba de toda una serie de insuficiencias respecto de su capacidad como estudiante y también respecto de las relaciones con los demás. La situación de la joven podría definirse como «*vomiting* sedativo» (Nardone y Selekman, 2011), que consiste en que el ritual de comer y vomitar no se busca por el placer del acto de comer en sí mismo o de comer para vomitar, sino como «anestésico» muy eficaz del dolor. Y, de hecho, Ester no tiene ninguna otra conducta propia de un trastorno alimentario: no limita la calidad ni la cantidad de los alimentos, come de forma regular y placentera, no tiene problemas de peso ni se preocupa por el cuerpo, ya que se siente deseable y atractiva desde el punto de vista estético.

El verdadero problema de Ester es su inquisidor interno, que desde que era niña le repite continuamente que está menos capacitada que su hermana mayor, tal vez no tan guapa como ella, pero mucho más brillante, extravertida, con muchos intereses y amigos y, además, licenciada en la Bocconi con las mejores notas. Sintonizo con el sentimiento de la joven y coincido con ella en que el problema no tiene nada que ver con la comida en sí misma, y en que, si queremos resolver el problema, antes debemos resolver su fundamento: el bloqueo de la tesis y el inquisidor que la atormenta. Sin entrar directamente en el síntoma de comer y vomitar, le prescribo dar el púlpito al inquisidor, como en el caso anterior, y realizar un pequeño experimento. Todas las mañanas deberá elegir una hora del día para dedicársela a la tesis (por ejemplo, de 15 a 16 horas). En ese tiempo, deberá sentarse delante del ordenador y, si le apetece, empezar a escribir, pero con un truco: deberá comenzar por las conclusiones, no por el primer capítulo, como intentaba hacer desde hacía meses. Fuera de esta hora, tanto si ha escrito como si no, estará absolutamente prohibido trabajar en la tesis.[4] Ester me mira estupefacta: «¡Así no conseguiré acabarla nunca!», exclama. Le hago observar que haciéndolo a su manera no había conseguido ni empezarla, y que además solo es un experimento

4 Esta maniobra, detalladamente descrita en Watzlawick, Weakland y Fisch (1974), coloca a la persona en la situación paradójica en la que escribir la tesis, que hasta ahora se consideraba un deber acuciante, ahora incluso «se prohíbe» fuera de la hora permitida. Reestructurando el significado de la expresión «tiempo libre» como una especie de castigo, se obtienen dos resultados: por un lado, se aumenta la capacidad de la persona de concentrarse en la única hora permitida; por el otro, se libera el resto del día de la angustia de no estar haciendo la tesis. Además, la indicación de partir de las conclusiones de la tesis y no del comienzo posibilita desbloquear los mecanismos mentales rígidos que provocaban en la joven el bloqueo de su prestación. Para profundizar en esta indicación, véase Nardone, 1998.

de dos semanas, que deberá servirme para entender mejor cómo funciona su bloqueo. La joven acepta la indicación de mala gana. Llega a la siguiente sesión diciendo que su inquisidor ha sido realmente terrible, que la ha masacrado durante los quince días, pero que ha conseguido confinarlo en la mañana, con lo que se ha sentido más libre de estos pensamientos el resto de la jornada. En cuanto a la otra indicación, los primeros días se quedaba sentada ante la pantalla del ordenador sin conseguir hacer nada; por suerte, esta hora había transcurrido rápidamente y le había permitido hacer otras cosas durante el día, como ver a su novio o a alguna amiga. Esto la había ayudado mucho a tranquilizarse hasta el punto de que, al tercer día, en la hora dedicada a la tesis, se dijo que no tenía mucho que perder si intentaba escribir al menos las conclusiones. Con gran sorpresa por su parte, en dos días lo había conseguido sin grandes esfuerzos. Por supuesto, había que corregir la redacción, pero los conceptos estaban claros. Los días sucesivos, animada por el desbloqueo, Ester había seguido escribiendo, sin pretender seguir un orden preciso como había intentado hacer sin éxito durante todos aquellos meses. Confiesa que los últimos días no había respetado al pie de la letra la consigna de la hora, porque le disgustaba interrumpir el trabajo cuando las ideas fluían con cierta facilidad. También explica que ha reducido notablemente el acto de comer y vomitar y que, en los dos últimos días, no lo había hecho ni una vez. La felicito por las grandes aptitudes demostradas y la invito a seguir el mismo camino: por la mañana deberá dar el púlpito al inquisidor; las horas de tesis permitidas serán dos al día, pero fuera de estas deberá dedicarse a otras actividades. En las semanas siguientes las cosas siguen mejorando: la tesis avanza, el inquisidor reduce cada vez más su intromisión y el acto de comer y vomitar disminuye. Parece claro que el problema de fondo de Ester es pretender igualar a la hermana, competición que le ha hecho perderse de vista a sí misma. El trabajo terapéutico continúa, ayudándola a librarse definitivamente de esta trampa y a concentrarse en sus deseos y objetivos, apoyándose en sus propias fortalezas y sin pretender imitar continuamente las de su hermana.

En la actualidad, Ester trabaja para una organización sin ánimo de lucro: a diferencia de su hermana, que está haciendo una brillante carrera en una importante multinacional, ella ha decidido que quiere dedicarse a los más menesterosos y está entusiasmada con lo que hace.

Ha descubierto que no le interesa estar rodeada de mil personas: tiene un círculo de amistades restringido, pero en el que se encuentra muy bien. Su inquisidor ya no la atormenta y comer y vomitar no es más que un recuerdo lejano.

7
Si no gano no juego:
el miedo al fracaso

No nos atrevemos a hacer muchas cosas porque son difíciles,
pero son difíciles porque no nos atrevemos a hacerlas.

Séneca

Como en el miedo a la inadecuación, también en el miedo al fracaso el «juez» es interior e impacta en primer lugar en la relación que cada uno de nosotros mantiene consigo mismo, y solo en segundo lugar, en las relaciones interpersonales. A diferencia del miedo a exponerse, en el que la persona teme el juicio ajeno sobre sus propias características o prestaciones, en el miedo al fracaso el temor principal es decepcionar las propias expectativas personales. Los dilemas de quien sufre este miedo frente a la prueba son fundamentalmente dos: ¿saltar o no saltar? Y si decide saltar, ¿a qué altura hay que colocar el listón?

Estas personas cuentan a menudo que han crecido sintiéndose sobrevaloradas por los otros, cuyas grandes expectativas percibían, sin sentirse nunca a la altura. A veces el miedo al fracaso nace en el paso de la vida de estudiante a la vida laboral, y otras veces ya existía con anterioridad; en algunos casos aparece más tarde, como consecuencia de experiencias vitales concretas.

Cuando el miedo es ligero, la persona intenta llevar una vida activa, pero cuando surge la primera dificultad tiende a replegarse y a involucrarse solo en las batallas más sencillas, en las que está segura de vencer; si es fuerte, evita desde el primer momento ponerse a prueba, limitándose solo a aquello de lo que ya se siente capaz.

Cuando el temor al fracaso es sustituido por la certeza, la persona suele renunciar a involucrarse en cualquier tipo de actividad; es como si viviese una especie de «condena» al fracaso. Puede ser una condena genética, familiar, vinculada a alguna hipotética carencia personal o a algo que sucedió en el pasado (o que sucederá en el futuro) y no puede remediarse o evitarse. En cualquier caso, es algo con lo que no se puede luchar, se está destinado al fracaso, siempre y en todas partes. A menudo el resultado es una patología depresiva grave o una paranoia (Muriana, Pettenò y Verbitz, 2006; Muriana y Verbitz, 2017).

En algunas situaciones el miedo al fracaso nace como consecuencia de un hecho vivido de forma traumática: un despido, un abandono amoroso, alguna cosa que, como un rayo en un cielo sereno, rasga de repente el sentido de la realidad de una persona, introduciendo por primera vez en su percepción el dolor del fracaso (Cagnoni y Milanese, 2009). En estos casos, la psicotrampa del pensamiento denominada «el engaño de las expectativas» (Nardone, 2013) es la que determina mayormente los efectos patógenos del hecho traumático. Cada uno de nosotros, como crece con sus propios valores y creencias, tiende a esperar que los demás y el resto del mundo también actúen de acuerdo con los mismos valores y percepciones de la realidad. Descubrir que no es así representa un motivo de decepción para todos, al menos una vez en la vida. Pero cuando esta expectativa se enrigidece, descubrir que los otros pueden comportarse de acuerdo con criterios diferentes a los nuestros puede tener graves consecuencias. Es lo que les ocurre, por ejemplo, a las personas que han crecido con el autoengaño de que el mundo es en cierto modo «justo» y de que, si lo hubieran hecho todo bien, las cosas habrían ido mejor. Frente a un despido improcedente, o también frente a una traición o un abandono, la expectativa no cumplida crea el efecto «iluso-desilusionado», sumiendo a la persona primero en el dolor del fracaso y luego en el miedo a fallar de nuevo (Muriana, Pettenò y Verbitz, 2006; Milanese y Mordazzi, 2007; Cagnoni y Milanese, 2009).

Las soluciones intentadas propias de quien teme el fracaso son:

a) *Evitar las pruebas:* la persona evita elevar el listón por encima de lo que ya se siente capaz de saltar, a fin de no tener que enfrentarse al riesgo del fracaso. La evitación puede afectar a un único ámbito de la vida (por ejemplo, el laboral) o a varios ámbitos.

b) *Delegar y pedir ayuda:* la persona delega en otros las actividades en las que no se siente a la altura (hace «saltar» a alguien en su lugar) o bien hace que la ayuden a realizar la prueba (pide que le den un ligero empujón para estar segura de superar el listón).

c) *Renunciar:* frente a la certeza del fracaso, la persona llega a renunciar a ponerse a prueba (renuncia a saltar). La renuncia pueda afectar a un sector concreto o ser generalizada.

1. Cargar con los escombros del pasado

Patrizia tiene 45 años y una familia estupenda: un marido que la adora, dos hijos maravillosos de 20 y 17 años y dos simpáticos *golden retriever.* «Lo único en lo que no he fracasado en mi vida es en hacer de madre», declara de entrada. Hija única de unos padres que deseaban un varón, creció con la sensación de que de algún modo debía remediar «el error» siendo la hija perfecta y triunfadora. Si bien en casa esto le había resultado fácil por su carácter dócil y obediente, en la escuela las cosas habían sido más complicadas. La ansiedad por no superar los exámenes era tan fuerte que había convertido su etapa escolar en un verdadero calvario. Para obtener buenas notas tenía que estudiar muchísimo y el rendimiento a veces se veía mermado por la ansiedad. Aunque deseaba aprender, al acabar la educación secundaria decidió abandonar los estudios, ya que no se veía capaz de emprender una carrera universitaria. Lo mismo había ocurrido con otras actividades: ya fuese aprender a tocar un instrumento o practicar un deporte, Patrizia lo probaba durante un tiempo y luego lo dejaba porque no se sentía a la altura. Su vida había estado marcada por renuncias constantes que habían creado una sensación de inadecuación creciente. A los 20 años conoció al que sería su marido y se lanzó en cuerpo y alma al proyecto familiar; nacieron los dos hijos y su vida de madre y de esposa había transcurrido plácidamente, sin prestar mucha atención a las renuncias hechas por miedo al fracaso. Pero los hijos se habían hecho mayores y autónomos muy rápidamente y, poco a poco, Patrizia se había encontrado con un gran vacío. «Me hubiera gustado mucho ser veterinaria», confiesa, «siempre he adorado a los animales y desde pequeña soñaba con curarlos». Mientras va hablando, se percibe el profundo dolor de todos los arrepentimientos, una cadena de «habría debido, habría querido…» en la que piensa a diario y que lastra su vida. «Así han ido las cosas… y ahora es demasiado tarde», me dice con el tono abatido de quien ha hecho de la renuncia su guion general. Y, efectivamente, su vida está detenida: el día a día ocupado en actividades rutinarias poco gratificantes, ningún intento de cambiar y mucho menos de hacer algo que implique enfrentarse al miedo a fracasar. «Sé que debería encontrar alguna actividad, pero tengo demasiado miedo y además no sabría qué hacer. Me levanto todos los días y mi vida transcurre como siempre, lo cual me hace sentir cada vez peor», subraya. Es evidente que Patrizia permanece anclada a su pasado, especialmente a todo lo que no ha hecho, y sería no solo inútil, sino incluso contraproducente pretender empujarla a que lo intente ahora con una actitud positiva poco realista. De modo que le explico que, mientras cargue con la sombra siniestra del pasado, esta le impedirá la realización del presente y del futuro. El primer paso será, por tanto, devolver el pasado al pasado: todos los días deberá coger papel y pluma y, como si estuviese sentada sobre los escombros de todos los desastres realizados, deberá describirlos uno por uno. Todos los días deberá contemplar por escrito el esplendor de sus desastres y traérmelos a la próxima sesión.[1] Paralelamente, puesto que ya era consciente de que su actitud era peyorativa, la

1 Como la novela criminal, la «crónica de los desastres realizados» también permite elaborar los fracasos pasados y conseguir un distanciamiento emocional, desbloqueando los recursos de la persona en el presente. Para un tratamiento más

7. *Si no gano no juego: el miedo al fracaso*

ayudaría a reconocerlo aún mejor; cada mañana debería pensar en el día que la esperaba y preguntarse: «¿qué debería hacer hoy, en la jornada concreta que me espera si, por un absurdo, quisiera empeorar aún más mi situación?». Debería tomar notas y luego, por la noche, comprobar si había realizado algo que empeorara aún más las cosas.[2] «Hasta ahora lo ha hecho bastante bien», le digo con suave ironía, «veamos qué tal le va durante las próximas semanas».

Patrizia llega a la siguiente sesión con un montón de sobres de colores que contienen la crónica entera de sus desastres, y cuenta que los primeros días realizar esa tarea había resultado muy doloroso, pero que, poco a poco, había sentido que el dolor fluía sobre el papel y su humor mejoraba ligeramente durante el resto de la jornada. Mientras escribía, había comprobado que lo que para ella era un fracaso, como, por ejemplo, las notas de la escuela, en realidad no lo era tanto. «Al fin y al cabo, cuando mis hijos sacan un 7 me siento orgullosa, no entiendo por qué para mí tenía que ser una tragedia», comenta. Lo más doloroso había sido reconocer con mayor claridad aún hasta qué punto su vida había estado salpicada de renuncias: había abandonado la danza clásica, el piano y, sobre todo, no había ido a la universidad. Resulta evidente la irritación que siente Patrizia por su pasado. Luego me entrega la lista de las estrategias para empeorar, «muy repetitivas», se justifica. La mayor parte de las frases empieza con un «no»: «no levantarme de la cama», «no buscar nada que pueda gustarme», «no hablar de mi insatisfacción con mi marido», «no creer que puedo cambiar», etc. Si bien su vida diaria no había variado, Patrizia había empezado a mirar en internet cursos para educadores de perros: «Hace mucho tiempo que lo pienso, me gustaría mucho trabajar con perros», me dice con una mezcla de tristeza y deseo. Se había limitado

---

profundo de la técnica, véanse Milanese y Mordazzi, 2007; Nardone y Balbi, 2008; Cagnoni y Milanese, 2009; Muriana y Verbitz, 2017.

2 La técnica del «cómo empeorar con chequeos nocturnos» es una variante de la técnica de «cómo empeorar» y sirve para que la persona reconozca todos los mecanismos disfuncionales que está utilizando durante el día. El objetivo no es solo que los admita, sino también inducirla, de forma indirecta, a un primer desbloqueo.

a mirar, pero no había tenido el valor de llamar: «Total, sería el fracaso de siempre», murmura con pesar. Le señalo con delicadeza que la que está hablando es la misma Patrizia de los desastres realizados, la que se ha enfrentado a la vida con la idea de «si no gano, no juego». «¿Acaso se puede ganar si no se juega nunca?», le pregunto. Me mira con ojos de asombro, que se inundan rápidamente de lágrimas. Le prescribo, por tanto, seguir describiendo el esplendor de los desastres pasados, pero solo si vuelven a atormentarla, y la tarea de cómo empeorar con chequeo vespertino, sin pedirle directamente que haga alguna cosa diferente. En la tercera sesión, Patrizia parece cambiada; sonriente, con la mirada viva, me explica que, tras una semana de temor, finalmente había contactado con los instructores del curso para educador de perros y había tenido un primer encuentro de tanteo. El ambiente le había gustado mucho y las personas la habían felicitado por haber educado tan bien a sus dos cachorros. Animada asimismo por su marido, había decidido apuntarse, aunque sentía terror ante la idea de fracasar. Le pregunto qué ha cambiado en ella para llegar a tomar una decisión tan importante, y responde que durante días había estado dando vueltas a la frase «no se puede ganar si no se juega nunca», hasta que se decidió a llamar por teléfono. Estaba contenta de haber tomado esta decisión, pero también muy preocupada porque, desde que decidió matricularse, había empezado a sentir de nuevo la misma ansiedad física que la atenazaba cuando era estudiante y tenía que hacer algún examen. Y cuanto más intentaba librarse de ella, más aumentaba en vez de reducirse. Tras haberla felicitado por el valor demostrado iniciando finalmente una actividad, la tranquilizo respecto de la ansiedad diciéndole que es susceptible de una intervención muy rápida. Luego le prescribo la tarea de la media hora de la peor fantasía,[3] que deberá realizar todos los días imaginando los peores miedos al fracaso de este nuevo proyecto, a fin de ser capaz de «tocar los fantasmas y hacerlos desaparecer».

3 Cf. capítulo 2.

Tras haber aprendido a gestionar con eficacia su ansiedad, en los meses siguientes Patrizia logró realizar y acabar el curso con éxito. De hecho, le propusieron empezar a trabajar a tiempo parcial en el mismo centro que había organizado el curso. Actualmente, su vida se reparte entre la familia y el trabajo como educadora de perros, ¡y sus «hijos de cuatro patas» ahora son tres!

2. Casandra en el banquillo de los acusados

Andrés es un abogado de éxito que acude a pedir ayuda porque está viviendo una situación muy conflictiva con su hijo Ettore, de 17 años. Explica que desde hace unos meses su relación se ha vuelto insostenible. Desde que empezó el bachillerato, el hijo, que siempre había estado dispuesto a dejarse guiar por el padre en la programación de los estudios, tolera cada vez menos la injerencia paterna y por la noche mantienen fuertes discusiones. Ettore sostiene que ya es mayor y puede organizarse por sí mismo, pero, a pesar de esta afirmación, Andrés sigue interviniendo a diario. Ha sido su mujer la que le ha obligado a contactar conmigo, porque ya no puede más y cree que es él quien necesita ayuda.

Tras haber escuchado su relato, le pregunto si el rendimiento de Ettore desde que empezó a organizarse solo es tan desastroso como para requerir sus continuas intervenciones. Andrés suspira y responde: «Hasta ahora le va bien, en algunas materias muy bien, pero yo sigo aterrorizado ante la idea de que pueda fracasar y arruinarse la vida. Es más fuerte que yo: la mera idea de que un examen o un trabajo puedan salir mal me provoca una ansiedad incontrolable. Mi mujer ya no soporta escucharme, porque prácticamente no hablo de otra cosa».

Le pido que me ayude a comprender cómo funciona esta angustia tan intensa. Cuenta que Ettore nació prematuro cuando tanto él como su mujer habían abandonado ya la esperanza de tener hijos. Había sido un niño algo inseguro, frágil en algunos aspectos, que siempre se había apoyado mucho en sus padres, sobre todo en él. En el pasado, cada vez que algún examen no iba como deseaba, Ettore lo abrumaba con mensajes y llamadas, desesperado por la nota y buscando consuelo. Todavía hoy es un muchacho muy cerrado, sin amigos, que se dedica solo a los estudios. Por todas estas razones, y a pesar de que su mujer lo tranquiliza continuamente demostrándole que al chico le va bien y que, incluso si suspendiera, no sería una catástrofe, Andrés vive sumido en la angustia. Sigue controlando el registro escolar digital en espera del terrible momento en que aparezca una mala nota, y no resiste la tentación de controlar que su hijo estudie lo necesario.

Le pregunto cómo se explica el hecho de que en la familia el único angustiado por el rendimiento escolar de Ettore sea él. Andrés reflexiona un instante, como si no tuviera respuesta. Y luego dice: «Lo cierto es que Ettore me recuerda mucho a mí cuando era un muchacho». Y explica que se crio en una familia en la que incluso el más pequeño error se consideraba absolutamente intolerable. Las notas de la escuela habían de ser siempre excelentes, al igual que el rendimiento en cualquier otra actividad. Andrés creció, por tanto, trabajando muchísimo y obteniendo siempre excelentes resultados, pero con el terror continuo de poder fracasar en algo. «Para mí, el menor fallo es la demostración de no valer nada, deprimirse y destrozarse irremediablemente la vida. Y eso es lo que temo que pueda sucederle a mi hijo, al que veo más inseguro aún de lo que lo era yo a su edad», declara angustiado.

La percepción de Andrés es rígida como una equivalencia matemática: error (por ej. mala nota) = fracaso = depresión = vida destrozada. Una equivalencia que le había acompañado toda su vida; de hecho, todavía hoy, a pesar de ser un abogado brillante, convive con la angustia íntima de poder equivocarse en algo en el trabajo, aunque en este momento su atención está enfocada en particular en su hijo.

Llegados a este punto, le pregunto: «Teniendo en cuenta todo lo que me ha explicado, ¿cree que nuestra intervención debe centrarse en mejorar la relación con su hijo o en superar su angustia respecto del fracaso?». «Me parece que tiene razón mi mujer; debo trabajar en mí mismo», responde abatido.

Paso, por tanto, a prescribir las primeras indicaciones: «Mire, al margen de lo que comúnmente se piensa, esto es, que hablar de lo que nos atormenta es liberador y terapéutico, las cosas funcionan al revés: cuanto más habla de sus miedos y angustias, más empeoran. Es como si regase una planta con un fertilizante especial: la hace crecer cada vez más. Así pues, desde ahora hasta que volvamos a vernos, le pido que respete y haga respetar también a su mujer lo que llamamos "conjuración del silencio", esto es, evitar hablar de lo que teme.⁴ La segunda indicación está relacionada, en cambio, con esta angustia que lo acompaña desde siempre, esta especie de voz que lo atormenta a diario profetizando desgracias. Es como si en su interior viviese una especie de Casandra, la profetisa de la antigua Grecia que tenía el don, o mejor la condena, de profetizar solo desgracias, que le atormenta todo el día. Lo que le pido es que todas las mañanas, al despertar, convoque a su Casandra y la invite a anunciar todas las previsiones catastróficas para ese día. Escriba todas las cosas terribles que podrían ocurrirle a su hijo y a usted en el caso de que fallasen, describiéndolas detalladamente. Vierta en el papel todas las sensaciones que experimenta, todas las angustias más agobiantes y déjelas allí, sobre el papel. Por la noche, antes de acostarse, compruebe si se ha cumplido alguna de estas previsiones catastróficas. En ese caso, márquela con una cruz. Veamos hasta qué punto es de fiar su Casandra».⁵ Andrés acepta de buen grado.

4 La «conjuración del silencio» es una maniobra fundamental para interrumpir la solución intentada de socializar lo que provoca miedo, angustia, rabia o dolor, con la ilusión de reducirlo, aunque se acaba empeorando. Para profundizar más en esta maniobra, véase Nardone, 1998, 2000, 2003a, 2013, 2019.

5 La maniobra de las «profecías catastróficas», desarrollada por Giorgio Nardone, permite conseguir varios objetivos: en primer lugar, al escribir detalladamente las propias angustias, la persona se distancia a nivel emocional de ellas poco a poco, precisamente porque acepta su inexorabilidad; en segundo lugar, concentrar todas las emociones negativas en la mañana posibilita liberar de angustias el resto del día; por último, comprobar por la noche qué es lo que se ha producido en realidad

Se presenta a la siguiente sesión claramente aliviado. Me entrega lo que define bromeando como sus «casandradas», hojas llenas de profecías, pero en las que no aparece ni una crucecita. «¿Cómo?», le digo, «¿su Casandra no ha acertado en ninguna ocasión?». «¡Increíblemente, no!», responde entusiasmado. Y cuenta que en esas semanas se ha sentido mucho mejor: el hecho de escribir por la mañana todas las profecías catastróficas y no volver a hablar de lo que lo angustiaba había hecho que se sintiera más ligero y sereno durante el día. Y aunque era consciente de haber cometido alguna pequeña imprecisión en el trabajo, cosa que antes le habría provocado una profunda angustia, la había aceptado de buen grado. «Es como si me hubiese sentido liberado del peso de tener que ser absolutamente impecable. Después de todos mis logros profesionales, ¡creo que me puedo permitir incluso algún pequeño error!».

Pero la «derrota» más clamorosa de Casandra estaba relacionada con el hijo. En aquellas semanas, por primera vez Ettore había sacado un 5 en un examen importante. Pero, en vez de desesperarse, como había predicho Casandra, había reaccionado pidiendo a un compañero muy bueno en aquella materia que estudiaran juntos para superar la mala nota. Incluso había agradecido al padre que no hubiera intervenido, como habría hecho en el pasado, y que hubiera confiado en su capacidad de recuperar y de organizarse. «Nunca hubiera creído que mi intervención para ayudarlo hacía que sintiera que no me fiaba de él», añade Andrés, muy afectado. Lo felicito por los importantes resultados obtenidos y le prescribo que mantenga el rumbo: al fin y al cabo, puede que en estas semanas Casandra estuviera algo distraída, debíamos darle otra oportunidad. Me mira sonriendo y asiente, como si ya hubiera entendido de qué va el juego.

Vuelvo a verlo un mes más tarde: al parecer, Casandra ya se ha cansado de profetizar. Por fin la vida familiar es tranquila: Ettore actúa con autonomía, en una ocasión le ha pedido al padre alguna

---

acaba desmontando definitivamente el mecanismo del pensamiento catastrófico (Nardone, 2014a; Muriana y Verbitz, 2017).

sugerencia para organizarse en los estudios, pero todo lo demás lo hace él solo. También ha declarado que está cansado de estar tan concentrado en la escuela y que querría empezar a tener cierta vida social. Para ello le pide a su padre que lo ayude a superar las dificultades que siempre ha tenido para relacionarse con sus compañeros. «Si esta doctora ha conseguido que dejes de estresarme, ¡debe ser realmente dura!», le dice bromeando.

Y así empezó el proceso de Ettore. Pero esa es otra historia.

3. La utilidad del «no hacer nada»

Ada y Enrico son una pareja muy unida: juntos desde la época de la universidad, hoy ambos son médicos con una vida laboral y familiar satisfactoria. No obstante, desde hace unos meses están preocupados por la posibilidad de que su único hijo, Mattia, suspenda en los estudios. Cuentan que, tras insistir mucho, este aceptó matricularse en el bachillerato científico, aunque habría preferido cursar otros estudios más fáciles junto con sus amigos del alma. «Habría sido una pena», subraya la madre, «en secundaria siempre sacó notas excelentes sin apenas estudiar, le bastaba escuchar las explicaciones en clase. Es un chico muy inteligente, por suerte». El padre también destaca lo brillante que es su hijo cuando una cosa le interesa, lee mucho y le gusta escribir relatos. El diálogo en casa es bueno y estimulante, Mattia se interesa por su trabajo y la relación familiar siempre ha sido armónica y serena. Los profesores también comparten esta opinión: el chico está muy dotado, pero el problema es que no estudia, no se esfuerza, si hiciese un poco más…

Los padres habían intentado muchas veces hablar con Mattia: «Si estudiases solo un poco, serías el primero de la clase… Si con esa media horita que dedicas sacas un 5, imagina tus notas si estudiaras un poco más». Y durante meses este fue el guion: profesores y padres trataron de estimularlo para que estudiara recordándole continuamente que era muy inteligente, capaz y creativo, así como los brillantes resultados que obtendría «si se esforzase un poco más...». La consecuencia había sido unas notas desastrosas en el primer cuatrimestre: excepto un par de sietes en las asignaturas de letras, la mayoría eran suspensos, sobre todo en las materias científicas.

Ante las protestas de los padres, Mattia se había limitado a encogerse de hombros y, de vez en cuando, a echar la culpa al profesor que era demasiado severo, o a la asignatura que no le gustaba, o a que le parecía aburrido estudiar cosas poco estimulantes. Cada vez prometía esforzarse más, pero nunca cumplía su promesa.

También en las actividades extraescolares Mattia había mostrado cierta inconstancia: se había apuntado con entusiasmo a un curso de atletismo, pero lo había abandonado poco antes de las competiciones, afirmando que no le gustaba mucho. «Y pensar que el entrenador nos dijo que estaba muy dotado y que habría podido conseguir grandes resultados», comenta el padre. A medida que los padres van hablando, la imagen que transmiten es la de un muchacho valorado constantemente ante resultados concretos escasos o nulos. La situación de Mattia resulta contradictoria: cuanto menos hace, más felicitaciones recibe por sus espléndidas capacidades. Pero si las cosas están así, ¿quién conseguirá que se esfuerce, si el mejor modo de seguir siendo apreciado pasa precisamente por no hacer? ¿Y si se pusiese a estudiar seriamente o a competir y no lograse obtener los brillantes resultados que los otros esperan de él? ¿Y si no fuese tan capaz como todos imaginan? De modo que «no hacer» es para el muchacho la mejor estrategia para salvaguardar la autoestima, no solo a los ojos de los demás, sino también a los propios, consiguiendo privilegios y evitando correr riesgos y esforzarse. Obviamente, esta situación solo es deseable en apariencia: al no tener que demostrar nunca su valor mediante la superación de pruebas concretas, el muchacho no solo no se siente estimulado a esforzarse para desarrollar sus capacidades, sino que corre el riesgo de desarrollar una profunda inseguridad en sus propios recursos. Como explicamos a los padres, la autoestima no nos viene dada de nacimiento, sino que cada uno se la construye aceptando afrontar pruebas y descubriendo que es capaz de superarlas. Si no nos demostramos nuestra valía «sobre el terreno», la confianza en nosotros mismos solo es ilusoria y se quebrará a la primera dificultad real. De modo que pregunto a los padres si están dispuestos a hacer algo aparentemente ilógico para desbloquear la situación, puesto que lo que han hecho hasta ahora no ha funcionado.[6] Una vez obtenida su aprobación, les propongo que hablen a su hijo en los siguientes términos: «Mira, Mattia, tenemos que pedirte disculpas porque nos hemos dado cuenta de que tal vez hemos sobrevalorado tus capacidades. Siempre te hemos dicho que eres inteligente, brillante, que si quisieras habrías podido sacar notas brillantes, pero probablemente nos hemos equivocado, puesto que los resultados siguen siendo pobres. Siempre quisimos tener un hijo capaz, decidido, que nos diese satisfacciones, pero por desgracia no es lo que tenemos. No importa, queremos decirte que igualmente te queremos mucho». Al terminar, deberán alejarse sin darle ocasión de réplica. Los días siguientes, ante cualquier resultado académico, positivo o negativo, se mostrarán poco interesados, evitando cualquier actitud de crítica o de felicitación. Los padres se muestran muy sorprendidos, aunque también divertidos. «Me pregunto qué cara pondrá Mattia, siempre tan seguro de sus capacidades», dice el padre con una risita burlona.

En la siguiente sesión, un mes más tarde, Enrico me cuenta de un tirón los efectos, en su opinión «memorables», que había tenido su conversación. La noche misma de nuestra primera reunión habían entrado en la habitación de su hijo, que estaba jugando con la consola, y le habían dicho lo acordado. Mattia los había escuchado en silencio, desconcertado, «como en *shock*» —precisa Ada—, sin intentar siquiera una tímida protesta. Los días siguientes había estado muy silencioso, con una actitud entre ofendido y deprimido, hasta que un día regresó de la escuela sonriente diciendo que había tenido el primer aprobado en unos deberes de matemáticas. Los padres, tal como se

6 Para un estudio detallado de la intervención indirecta sobre los hijos a través de los padres, véase Nardone, Giannotti y Rocchi, 2001; Nardone y Equipo del CTS, 2012.

había acordado, se limitaron a tomar nota, sin hacer ningún comentario, y observaron que el rostro de su hijo reflejaba una clara decepción. Unos días más tarde, el muchacho se acercó tímidamente a su madre y le preguntó si realmente ella y su padre creían que era poco inteligente. La madre le respondió que lo que contaba eran los hechos, y que hasta el momento no habían demostrado que fuera muy capaz. «Desde luego», había añadido, «es posible que estemos equivocados, pero es prematuro decirlo». A lo largo del mes, Mattia había tenido solo aprobados, incluso algunos 7, y se mostraba cada vez más orgulloso de su rendimiento. «No vemos que estudie mucho», dice Ada muy contenta, «pero algo debe de hacer». La situación había ido mejorando a lo largo de los meses siguientes y en junio Mattia acabó el curso sin ningún suspenso y finalmente la felicitación de sus padres.

Tal como se suponía, ante un mensaje tan descalificador, lo único que podía hacer Mattia para recuperar la estima y la confianza de sus padres era empezar a esforzarse en el estudio y demostrar con hechos que realmente era inteligente y brillante. Como «efecto colateral», también había empezado a experimentar por primera vez el placer del éxito y las ganas de hacer las cosas bien, principal objetivo de nuestra intervención de «terapia indirecta».

Cuatro años más tarde, volví a ver a Ada y Enrico en un curso de formación. Me explicaron, orgullosos, que Mattia había aprobado brillantemente el examen de acceso a la universidad; había vuelto a practicar el atletismo y a competir con un éxito discreto. En otoño, siguiendo los pasos de sus padres, comenzará a estudiar medicina.

Decálogo para una sana autoestima

Solamente los que se arriesgan a ir demasiado lejos
descubren hasta dónde pueden llegar.

Thomas Stearns Eliot

Como conclusión de este recorrido, y sin ninguna pretensión de ofrecer un tratado exhaustivo sobre un tema tan amplio y complejo, nos gustaría despedirnos del lector con algunos sencillos consejos sobre cómo aumentar la autoestima y evitar ser presa del engañoso miedo de no estar a la altura.

Postulado básico: la autoestima no se hereda, sino que se construye.[1]

1. **Afronta los desafíos que la vida te propone:** es la mejor manera de construir la confianza en los propios recursos. Solo «evitando evitar» lo que la vida nos propone podemos ponernos a prueba y desarrollar nuestras capacidades. La autoestima se gana sobre el terreno demostrándonos a nosotros mismos que somos capaces de hacer algo concreto, no es un don del cielo.

2. **Eleva progresivamente el listón, pero no te plantees objetivos imposibles:** es fundamental colocar bien nuestro «listón». Debemos evitar proponernos objetivos irreales, en la forma o en el tiempo, y aceptar que cualquier habilidad compleja ha de ser adquirida poco

---

1 El aforismo es de Giorgio Nardone.

a poco. Para poder saltar muy alto, primero hay que entrenarse para saltar con el listón más bajo e ir elevándolo progresivamente. Llegar a ser «excelentes saltadores» exige esfuerzo y tolerancia a la frustración: ningún gran objetivo puede alcanzarse sin esfuerzo y determinación.

3. Nadie puede «saltar» en tu lugar: la responsabilidad de hacer frente a las pruebas que la vida nos propone es nuestra: si decidimos que otro lo haga por nosotros, nos privamos de una importante oportunidad de crecimiento, además de aumentar nuestras inseguridades. Obviamente, esto no significa tener que hacerlo todo solos: incluso el mejor saltador necesita consejos del entrenador y apoyo de los que lo rodean, pero en último término el que ha de saltar es él.

4. La perfección es enemiga de la excelencia: a menudo nuestra necesidad de hacer las cosas bien se extrema tanto que nos paraliza en la búsqueda de una perfección irreal que nos estanca. Quien desea sobresalir ha de aceptar que puede tener alguna pequeña imperfección que lo protege de la gran imperfección. Quien quiere ser siempre perfecto en todo lo que hace corre el riesgo de incurrir en grandes imperfecciones por exceso de rigidez o por pérdida de control.

5. No se puede complacer a todo el mundo: por mucho que nos disguste, no podemos complacer a todo el mundo, teniendo en cuenta la enorme variedad de gustos, valores, opiniones y hábitos que caracteriza al género humano. Tratar de conseguir este objetivo significa renunciar a nosotros mismos en nombre de una ilusoria aprobación que, por otra parte, nunca llegará. Solo podemos complacer a los otros si nos arriesgamos a mostrarnos tal como somos, con nuestras virtudes y nuestros defectos; todo lo demás es «prostitución relacional».

6. Las relaciones son como el tango: crear relaciones sanas, tanto en la amistad como en el amor, implica ser capaces de establecer relaciones recíprocas. Si queremos tener una relación con alguien, es importante dar un primer paso ofreciendo una señal de interés y apertura, pero, una vez iniciada la relación, esta debe continuar con una reciprocidad sana, un equilibrio preciso entre «dar» y «recibir». Como en el tango, o en cualquier otro baile de pareja, son dos los que bailan y cada uno ha de dar sus pasos en sintonía con el otro. Esperar que sea nuestro compañero el que nos arrastre en el baile, sin mover los pies o, por el contrario, tirar de él dando nosotros todos los pasos porque tenemos muchas ganas de bailar, como mínimo hará que nos pisemos mutuamente y, con mucha probabilidad, que uno de los dos interrumpa el baile. De modo que los «altruistas patológicos», que dan siempre y de cualquier modo, crean en otros por complementariedad guiones de «egoístas insanos», que toman sin dar (Nardone, 1998). Por el contrario, quien desconfía de los demás y se protege de antemano acaba quedándose solo y sintiéndose rechazado.

7. Quien no cambia está perdido: aunque estamos apegados a las estrategias que han funcionado bien en nuestra vida, si en un determinado momento o contexto ya no funcionan como antes, o incluso parece que empeoran la situación, debemos ser capaces de modificarlas. En un mundo en cambio constante, si queremos seguir siendo eficaces y capaces debemos ser flexibles y adaptables. Como dice el gran genio Albert Einstein: «La medida de la inteligencia viene dada por la capacidad de cambiar cuando es necesario».

8. El corazón tiene sus razones que la razón no conoce:[2] por mucho que nos guste la idea de dominarlo todo con la «diosa razón», no podemos tener bajo control nuestro mundo emocional. Miedo, rabia, dolor o placer son emociones fundamentales que hay que aprender a gestionar sin un control rígido, ya que de lo contrario, paradójicamente, corremos el riesgo de no poder controlarlas (Nardone, 2019). En el mismo sentido, debemos permitirnos fragilidades, y hasta imponérnoslas. La fragilidad negada se convierte en una

---

2 El aforismo es de Blaise Pascal.

debilidad peligrosa, mientras que la aceptada puede transformarse incluso en un punto de fuerza.

9. Emplea el tiempo en mejorarte a ti mismo: por muy satisfecho que uno esté de sí mismo y de los resultados obtenidos, habría que seguir cultivando el arte de mejorarse a uno mismo desde todos los puntos de vista. Parafraseando a Nietzsche, en la vida todo lo que no nos eleva puede rebajarnos.

10. Solo estamos derrotados cuando nos rendimos:[3] no hay progreso que no implique algún fracaso. El camino para llegar a ser competente implica intentarlo, caer y volver a levantarse: el fracaso nunca es una derrota, sino una parte integrante de la posibilidad de alcanzar el éxito. La alternativa, la rendición, es el verdadero fracaso, como expresó admirablemente Honoré de Balzac: «La renuncia es el suicidio cotidiano».

---

3 El aforismo es de Li Ping.

Bibliografía

ALEXANDER, F. y FRENCH, T. M., *Psychoanalitic Therapy*, Nueva York, Ronald Press, 1946 [trad. cast.: *Terapéutica psicoanalítica. Principio y aplicación*, Buenos Aires, Paidós, 1956].

BALBI, E. y ARTINI, A., *Curare la scuola*, Milán, Ponte alle Grazie, 2009 [trad. cast.: *Curar la escuela. El «problem solving» estratégico para profesionales de la educación*, Barcelona, Herder, 2011].

CAGNONI, F. y MILANESE, R., *Cambiare il passato*, Milán, Ponte alle Grazie, 2009 [trad. cast.: *Cambiar el pasado. Superar las experiencias traumáticas con la terapia estratégica*, Barcelona, Herder, 2010].

CAMPOLMI, E. y PRENDI, L., *La terapia psicologica in oncologia*, Milán, Giunti, 2019.

CAPUTO, A. y MILANESE, R., *Psicopillole. Per un uso etico e strategico dei farmaci*, Milán, Ponte alle Grazie, 2017.

CASTELNUOVO, G., MANZONI, G. M., VILLA, V., CESA, G. L. y MOLINARI, E., «Brief Strategic Therapy *vs.* Cognitive Behavioral Therapy for the Inpatient and Telephone-Based Outpatient Treatment of Binge Eating Disorder: The STRATOB Randomized Controlled Clinical Trial», *Clin Pract Epidemiol Ment Health* 4(7), 2011, pp. 29-37.

—, MOLINARI, E., NARDONE, G. y SALVINI, A., «La ricerca empirica in psicoterapia», en G. Nardone y A. Salvini (eds.), *Dizionario Internazionale di Psicoterapia*, Milán, Garzanti, 2013, pp. 647-676 [trad. cast.: «La investigación empírica en psicoterapia», en G. Nardone y A. Salvini (eds.), *Diccionario internacional de psicoterapia*, Barcelona, Herder, 2019, pp. 775-809].

D'ANDREA, S. y NARDONE, G., *Il colloquio strategico in azienda,* Milán, Ponte alle Grazie, 2015.

DE SHAZER, S., *Keys to Solution in Brief Therapy,* Nueva York, Norton, 1985 [trad. cast.: *Claves para la solución en terapia breve,* Barcelona, Paidós, 1990].

—, *Clues: Investigating Solutions in Brief Therapy,* Nueva York, Norton, 1988 [trad. cast.: *Claves en psicoterapia breve. Una teoría de la solución,* Barcelona, Gedisa, 1992].

DOIDGE, N., *The Brain That Changes Itself,* Nueva York, Viking Press, 2007 [trad. cast.: *El cerebro se cambia a sí mismo,* Madrid: Aguilar, 2008].

—, *The Brain's Way of Healing,* Nueva York, Penguin, 2015.

ELSTER, J., *Ulysses and the Sirens,* Cambridge, Cambridge University Press, 1979 [trad. cast.: *Ulises y las sirenas. Estudios sobre la racionalidad e irracionalidad,* Ciudad de México, Fondo de Cultura Económica, 1989].

FOERSTER, H. von, «On Constructing a reality», en W. F. W. Preiser (ed.), *Environmental Design Research,* vol. 2, Stroudsburg, Dowden, Hutchinson & Ross, 1973, pp. 35-46 [trad. cast.: «Construyendo una realidad», en P. Watzlawick, *La realidad inventada,* Barcelona, Gedisa, 1995].

GAZZANIGA, M., *La mente inventata,* Milán, Guerini, 1999.

GLASERSFELD, von E., *Radical Constructivism. A Way of Knowing and Learning,* Londres, The Falmer Press, 1995.

GOLDBERG, E., *The Wisdom Paradox. How Your Mind Can Grow Stronger as Your Brain Grows,* Nueva York, Gotham Books, 2006 [trad. cast.: *La paradoja de la sabiduría. Cómo la mente puede mejorar con la edad,* Barcelona, Crítica, 2007].

JACKSON, B.J., PIETRABISSA, G., ROSSI, A., MANZONI, G.M. y CASTELNUOVO, G., «Brief Strategic Therapy and Cognitive Behavioral Therapy for Women with Binge Eating Disorder and Comorbid Obesity: A Randomized Clinical Trial One-Year Follow-Up», *Journal of Consulting and Clinical Psychology* 86(8), 2018, pp. 688-701.

KANDEL, E. R., «Psychotherapy and the Single Synapse. The Impact of Psychiatric Thought on Neurobiological Research», *Journal of Neuropsychiatry and Clinical Neurosciences* 13 (2001), pp. 290-300.

MILANESE, R. y MORDAZZI, P., *Coaching strategico. Trasformare i limiti in risorse*, Milán, Ponte alle Grazie, 2007 [trad. cast.: *Coaching Estratégico. Cómo transformar los límites en recursos*, Barcelona, Herder, 2008].

— y GARCÍA-RIVERA, T., «La tecnica del come se», en G. Nardone y A. Salvini (eds.), *Dizionario Internazionale di Psicoterapia*, Milán, Garzanti, 2013, p. 185 [trad. cast.: «La investigación empírica en psicoterapia», en G. Nardone y A. Salvini (eds.), *Diccionario internacional de psicoterapia*, Barcelona, Herder, 2019, p. 212].

— y MILANESE, S., *Il tocco, il rimedio, la parola. La comunicazione tra medico e paziente come strumento terapeutico*, Milán, Ponte alle Grazie, 2015 [trad. cast.: *El contacto, el remedio, la palabra. La comunicación entre médico y paciente*, Barcelona, Herder, 2020].

MONTANO, A., NARDONE, G. y SIROVICH, G., *Risorgere e vincere: Una storia di talento, tecnica e strategie mentali*, Milán, Ponte alle Grazie, 2012 [trad. cast.: *Resurgir y vencer. Una historia de talento, técnica y estrategias mentales*, Barcelona, Paidós Ibérica, 2013].

MURIANA, E., PETTENÒ, L. y VERBITZ, T., *I volti della depressione*, Milán, Ponte alle Grazie, 2006 [trad. cast.: *Las caras de la depresión*, Barcelona, Herder, 2016].

— y VERBITZ, T., *Se sei paranoico non sei mai solo*, Roma, Alpes, 2017.

NARDONE, G., *Paura, panico, fobie: La terapia in tempi brevi*, Milán, Ponte alle Grazie, 1993 [trad. cast.: *Miedo, pánico, fobias. La terapia breve*, Barcelona, Herder, 2012].

—, *Psicosoluzioni: Risolvere rapidamente complicati problema umani*, Milán, Bur, 1998 [trad. cast.: *Psicosoluciones*, Barcelona, Herder, 2010].

—, *Oltre i limiti della paura. Superare rapidamente le fobie, le ossessioni e il panico*, Milán, Bur , 2000 [trad. cast.: *Mas allá del miedo. Superar rápidamente las fobias, las obsesiones y el pánico*, Barcelona, Paidós Ibérica, 2003].

—, *Non c'è notte che non veda il giorno: La terapia in tempi brevi per gli attachi di panico*, Milán, Ponte alle Grazie, 2003a [trad. cast.: *No hay noche que no vea el día. La terapia breve para los ataques de pánico*, Barcelona, Herder, 2008].

—, *Cavalcare la propria tigre*, Milán, Ponte alle Grazie, 2003b [trad. cast.: *El arte de la estratagema*, Barcelona, Herder, 2013].

—, *Correggimi se sbaglio. Strategie di comunicazione per appianare i conflitti nelle relazioni di coppia*, Milán, Ponte alle Grazie, 2005 [trad. cast.: *Corrígeme si me equivoco. Estrategias de diálogo en la pareja*, Barcelona, Herder, 2006].

—, *La dieta paradossale*, Milán, Ponte alle Grazie, 2007 [trad. cast.: *La dieta paradójica*, Barcelona, Paidós, 2009].

—, *Problem Solving strategico da tasca. L'arte di trovare soluzioni a problemi irrisolvibili*, Milán, Ponte alle Grazie, 2009 [trad. cast.: *Problem solving estratégico. El arte de encontrar soluciones a problemas irresolubles*, Barcelona, Herder, 2010].

—, *Psicotrappole*, Milán, Ponte alle Grazie, 2013 [trad. cast.: *Psicotrampas. Identifica las trampas psicológicas que te amargan la vida y encuentra las psicosoluciones para vivir mejor*, Barcelona, Paidós, 2014].

—, *La paura delle decisioni*, Milán, Ponte alle Grazie, 2014a [trad. cast.: *El miedo a decidir*, Barcelona, Paidós, 2016].

—, *L'arte di mentire a sé stessi e agli altri*, Milán, Ponte alle Grazie, 2014b [trad. cast.: *El arte de mentirse a sí mismo y de mentir a los demás*, Barcelona, Herder, 2016].

—, *La nobile arte della persuasione*, Milán, Ponte alle Grazie, 2015.

—, *La terapia degli attacchi di panico. Liberi per sempre dalla paura patologica*, Milán, Ponte alle Grazie, 2016 [trad. cast.: *La terapia de los ataques de pánico. Libres para siempre del miedo patológico*, Barcelona, Herder, 2016].

—, *Emozioni: istruzioni per l'uso*, Milán, Ponte alle Grazie, 2019 [trad. cast.: *Emociones. Instrucciones de uso*, Barcelona, Herder, 2020].

—, *Ipnoterapia senza trance*, Milán, Ponte alle Grazie, 2020.

— y BALBI, E., *Solcare il mare all'insaputa del cielo. Lezioni sul cambiamento terapeutico e le logiche non ordinarie*, Milán, Ponte alle Grazie, 2008 [trad. cast.: *Surcar el mar a espaldas del cielo. Lecciones sobre el cambio terapéutico y las lógicas no ordinarias*, Barcelona, Herder, 2018].

— y BARTOLI, S., *Oltre se stessi. Scienza e arte della performance*, Milán, Ponte alle Grazie, 2019 [trad. cast.: *Más allá de uno mismo. La ciencia y el arte de la* performance, Barcelona, Herder, 2019].

— y Cagnoni, F., *Perversioni in rete, le psicopatologie da Internet e il loro trattamento*, Milán, Ponte alle Grazie, 2002 [trad. cast.: *Perversiones en la red. Las patologías de internet y su tratamiento*, Barcelona, RBA, 2003].

— y Equipo del CTS, *Aiutare i genitori ad aiutare i figli. Problemi e soluzioni per il ciclo della vita*, Milán, Ponte alle Grazie, 2012 [trad. cast.: *Ayudar a los padres a ayudar a los hijos. Problemas y soluciones para el ciclo de vida*, Barcelona, Herder, 2015].

— y De Santis, *Cogito ergo soffro. Quando pensare troppo fa male*, Milán, Ponte alle Grazie, 2011 [trad. cast.: *Pienso, luego sufro. Cuando pensar demasiado hace daño*, Barcelona, Paidós, 2012].

— y Fiorenza, A., *L'intervento strategico nei contesti educativi*, Milán, Giuffrè, 1995 [trad. cast.: *La intervención estratégica en los contextos educativos. Comunicación y «problem solving» para los problemas escolares*, Barcelona, Herder, 2004].

— y Milanese, R., *Il cambiamento strategico: come far cambiare alle persone il loro sentire e il loro agire*, Milán, Ponte alle Grazie, 2018 [trad. cast.: *El cambio estratégico. Cómo hacer que las personas cambien su forma de sentir y de actuar*, Barcelona, Herder, 2019].

— y Portelli, C., *Knowing through Changing: the Evolution of Brief Strategic Therapy*, Carmarthen, Crown House, 2005 [trad. cast.: *Conocer a través del cambio*, Barcelona, Herder, 2005].

— y Salvini, A., *Il dialogo strategico*, Milán, Ponte alle Grazie, 2004 [trad. cast.: *El diálogo estratégico. Comunicar persuadiendo. Técnicas para conseguir el cambio*, Barcelona, Herder, 2011].

— y — (eds.), *Dizionario internazionale di psicoterapia*, Milán, Garzanti, 2013 [trad. cast.: *Diccionario internacional de psicoterapia*, Barcelona, Herder, 2019].

— y Selekman, M.D., *Uscire dalla trappola. Abbufarsi, vomitare, torturarsi: la terapia in tempi brevi*, Milán, Ponte alle Grazie, 2011 [trad. cast.: *Hartarse, vomitar, torturarse. La terapia en tiempo breve*, Barcelona, Herder, 2013].

— y Tani, S., *Psicoeconomia. Gestire fallimenti, realizzare successi*, Milán, Garzanti, 2018.

— y Valteroni, E., *L'anoressia giovanile. Una terapia efficace ed efficiente per i disturbi alimentari*, Milán, Ponte alle Grazie, 2017 [trad. cast.: *La anorexia juvenil. Una terapia eficaz y eficiente para los trastornos alimentarios,* Barcelona, Herder, 2018].

— y WATZLAWICK, P., *L'arte del cambiamento. La soluzione dei problemi psicologici personali e interpersonali in tempi brevi*, Milán, Ponte alle Grazie, 1990 [trad. cast.: *El arte del cambio. Trastornos fóbicos y obsesivos,* Barcelona, Herder, 2011].

— y —, *Brief Strategic Therapy: Philosophy, Technique and Research,* Nueva York, Jason Aronson, 2005.

—, BALBI, E. y BOGGIANI, E., *Il piacere mancato. I paradossi del sesso nel nuovo millennio e la loro soluzione,* Milán, Ponte alle Grazie, 2020.

—, GIANNOTTI, E. y ROCCHI, R., *Modelli di famiglia. Conoscere e risolvere i problemi tra genitori e figli,* Milán, Ponte alle Grazie, 2001 [trad. cast.: *Modelos de familia. Conocer y resolver los problemas entre padres e hijos,* Barcelona, Herder, 2003].

—, MONTANO, A. y SIROVICH, G., *Risorgere e vincere,* Milán, Ponte alle Grazie, 2012 [trad. cast.: *Resurgir y vencer. Una historia de talento, técnica y estrategias mentales,* Barcelona, Paidós, 2013].

—, BALBI, E., VALLARINO, A. y BARTOLETTI, M., *Psicoterapia breve a lungo termine. Trattare con successo anche le psicopatologie maggiori,* Milán, Ponte alle Grazie, 2017 [trad. cast.: *Psicoterapia breve a largo plazo,* Barcelona, Herder, 2019].

—, LORIEDO, C., ZEIG, J.y WATZLAWICK, P., *Ipnosi e terapie ipnotiche. Misteri svelati e miti sfatati,* Milán, Ponte alle Grazie, 2006 [trad. cast.: *Hipnosis y terapias hipnóticas,* Barcelona, RBA, 2008].

—, MILANESE, R., MARIOTTI, R. y FIORENZA, A., *La terapia della azienda malata,* Milán, Ponte alle Grazie, 2000 [trad. cast.: *Terapia estratégica para la empresa,* Barcelona, RBA, 2005].

—, — y PRATO PREVIDE, R., *L'azienda vincente. Migliorare il presente, inventare il futuro: problem solving per le organizzazioni,* Milán, Ponte alle Grazie, 2012 [trad. cast.: *La empresa triunfadora. Mejorar el presente, inventar el futuro: problem solving para empresas,* Barcelona, Paidós, 2017].

PIETRABISSA, G., MANZONI, G. M., CECCARINI, M. y CASTELNUOVO, G., «A Brief Strategic Therapy Protocol for Binge Eating Disorder», *Procedia: Social & Behavioral Sciences* 113 (2014), pp. 8-15.

—, —, GIBSON, P. *et al.*, «Brief strategic therapy for obsessive-compulsive disorder: a clinical and research protocol of a one-group observational study», *BMJ Open* 6 (2016).

WATZLAWICK, P. (ed.), *Die erfundene Wirklichkei,* Múnich, Piper, 1981 [trad. cast.: *La realidad inventada. Cómo sabemos lo que creemos saber,* Barcelona, Gedisa, 2009].

—, *Vom Schlechten des Guten oder Hekates Lösungen,* Múnich, Piper GmbH & Co. KG, 1986 [trad. cast.: *Lo malo de lo bueno o Las soluciones de Hécate,* Barcelona, Herder, 1987].

—, «Therapy is what you say it is», en J.K. Zeig y S.G. Gilligan (eds.), *Brief Therapy: Myths, Methods and Metaphors,* Nueva York, Brunner/ Mazel, 1990, pp. 55-61.

— y NARDONE, G. (eds.), *Terapia breve strategica,* Milán, Raffaello Cortina Editore. 1997 [trad. cast.: *Terapia breve estratégica,* Barcelona, Paidós, 2000].

—, WEAKLAND, J. H. y FISCH, R., *Change: Principles of Problem Formation and Problem Solution,* Nueva York, Norton, 1974 [trad. cast.: *Cambio. Formación y solución de los problemas humanos,* Barcelona, Herder, 2003].

WITTEZAELE, J. y NARDONE, G., *Une logique des troubles mentaux,* París, Seuil, 2016.